BIBLIOTHÈQUE DES ÉCOLES ET DES FAMILLES

GUSTAVE FAUTRAS

A TRAVERS L'ANNÉE TRAGIQUE

Ouvrage illustré de 41 gravures

PARIS
LIBRAIRIE HACHETTE ET Cie
79, BOULEVARD SAINT-GERMAIN, 79

À TRAVERS

L'ANNÉE TRAGIQUE

OUVRAGES DU MÊME AUTEUR

PUBLIÉS PAR LA LIBRAIRIE HACHETTE ET Cie

BIBLIOTHÈQUE DES ÉCOLES ET DES FAMILLES

TROISIÈME SÉRIE (B). FORMAT IN-8°

Chaque volume broché, 1 fr. 40. — Cartonné percaline, tranches dorées, 2 fr. 30

De la Loire à l'Oder (Récits de captivité de 1870-1871). Un vol. illustré, *couronné par l'Institut.*

Autour d'un Champ de bataille (Coulmiers). Un volume illustré, *couronné par l'Institut.*

258-03. — Coulommiers. Imp. PAUL BRODARD. — 5-03.

BIBLIOTHÈQUE DES ÉCOLES ET DES FAMILLES

A TRAVERS L'ANNÉE TRAGIQUE

PAR

GUSTAVE FAUTRAS

INSPECTEUR DE L'ENSEIGNEMENT PRIMAIRE
OFFICIER DE L'INSTRUCTION PUBLIQUE

OUVRAGE ILLUSTRÉ DE 41 GRAVURES

PARIS
LIBRAIRIE HACHETTE ET Cie
79, BOULEVARD SAINT-GERMAIN, 79
1903

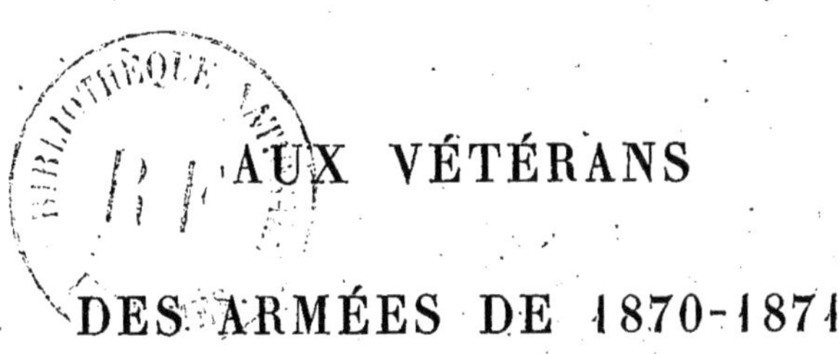

AUX VÉTÉRANS

DES ARMÉES DE 1870-1871

G. F.

AVANT-PROPOS

Les combattants de 1870 ont gardé intacte, au fond du cœur, l'impression des heures douloureuses qu'ils ont vécues pendant l'Année tragique. Le temps écoulé n'a fait qu'incruster plus profondément dans leur mémoire toutes les péripéties de l'inoubliable campagne, et, comme autrefois les vieux soldats d'Afrique, ils se plaisent à narrer les événements d'alors avec une précision de détails et une sûreté de souvenirs qu'il n'est pas sans intérêt, pour l'histoire documentaire, de recueillir et d'enregistrer.

Beaucoup d'ailleurs, parmi les sous-officiers notamment, ont écrit leur « journal », qu'ils conservent comme le plus précieux des titres de famille et qu'ils ne sortent du tiroir de l'antique armoire que dans l'intimité, lorsque parents et amis, rassemblés autour de l'âtre, en réclament la lecture pendant les veillées d'hiver.

C'est dans ces pages inédites, crayonnées au jour le jour, sans souci de la forme, pendant les haltes d'une longue étape, le soir d'une bataille, sur le sac d'un fantassin ou sur l'affût d'un canon, qu'il faut chercher la physionomie exacte de la guerre, la psychologie vraie du soldat. Le commandant de corps, responsable de l'armée qui lui est confiée, ne s'attache qu'aux évolutions d'ensemble, à l'exécution des ordres qu'il a donnés pour l'attaque ou pour la défense ; le général est tout entier aux opérations de sa division ou de sa brigade ; le colonel ne se préoccupe que de faire mouvoir efficacement ses bataillons, le capitaine, que d'entraîner vigoureusement sa compagnie, — et dans les rapports officiels des chefs, dans les historiques même des régiments, l'idée seule vous frappe de la collectivité qui s'agite, des masses qui se confondent et qui vont sortir de la mêlée, triomphantes ou vaincues.

Dans les notes du troupier, il en est autrement. C'est l'individu lui-même qu'on suit pas à pas, ce sont ses faits et gestes qui captivent votre attention. On l'accompagne dans ses marches pénibles, la nuit, à travers champs, sous les rafales de neige; on bivouaque avec lui sur la terre glacée, sans feu et parfois sans pain; on souffre du froid qu'il endure, de la fatigue qu'il éprouve, de la faim qui le torture; on assiste à son premier coup de feu, à la frayeur momentanée que lui causent le sifflement des balles et la voix tonnante des canons; on pleure, comme lui, son camarade d'enfance, tombé à ses côtés; on s'acharne à la poursuite de l'ennemi, et on partage son serrement de cœur s'il faut battre en retraite; on s'attendrit au souvenir fervent qu'entre deux engagements il se hâte d'envoyer à sa mère ; on vit, en un mot, de sa propre existence, dans les camps, le long des chemins, au milieu des combats; — et les incidents particuliers sur lesquels il s'appesantit, les remarques judicieuses qu'il fait au passage, éclairent souvent l'action générale d'une lumière qui n'apparaît pas aussi distincte dans les récits autorisés.

Il nous a été donné de disposer librement de certains « mémoires » de ce genre, et nous ne pourrions dire avec quelle émotion poignante nous avons parcouru ces feuillets jaunis, tachés de poudre et de sang, griffonnés sous les armes, en pleine lutte, quand la fusillade même retentissait encore. Nous y avons trouvé, avec la simplicité de style qu'ils reflètent et l'accent de sincérité qui s'en dégage, les éléments de ce livre, dédié aux héros obscurs du drame lugubre que rien ne saurait nous faire oublier. Car ils furent vaillants ceux qui, dans le rang, défendirent alors la Patrie et qui, jusqu'au bout, résistèrent stoïquement aux coups répétés de la mauvaise fortune. Et c'est en vain que, harassés et exténués pourtant par la dureté de ces temps calamiteux, on chercherait en leur relation un mot de récrimination personnelle, un gémissement ou une plainte.

Le soldat français sera toujours le digne fils de ses légendaires aïeux. Gai, jovial, insouciant du danger, bravant les intempéries, il va, l'œil souriant, les chansons aux lèvres, la fierté au front, la confiance dans l'âme, vers le but qui lui est assigné, — prêt, s'il le faut, à tous les sacrifices! Enfant du peuple, il vit pour son pays et se montre jaloux de son honneur.... Et c'est pourquoi l'armée française, associée intimement dans l'histoire à nos triomphes et à nos gloires, comme à nos revers et à nos deuils, partage les joies et les douleurs de la Nation, que son cœur bat à l'unisson du sien, et que, comme elle encore, elle garde en l'avenir sa foi vivace et ses indomptables espoirs....

L'armée, d'ailleurs, ne meurt point, l'armée ne peut mourir. Et si, au lendemain de la guerre néfaste, — comme jadis le héraut d'armes sur la tombe royale de Saint-Denis, — toutes les poitrines françaises, sur les fosses de nos soldats éparses dans les sillons, devant les ossuaires remplis de leurs dépouilles sacrées, ont exhalé ce cri plein d'immortalité, gage suprême, hier comme aujourd'hui, de la sécurité de la Patrie : « L'armée est morte, vive l'armée! », maintenant qu'elle est régénérée, qu'elle est vivante et forte, plus que jamais il doit nous plaire de le redire et de le répéter. — Car crier « Vive l'Armée! », c'est saluer le drapeau tricolore, dont elle est la gardienne fidèle et silencieuse; — c'est manifester son amour pour la France qui, sous l'égide de la République, a reconquis dans le monde sa place prépondérante, et que nous sommes jaloux de voir, à la tête de la civilisation moderne, marcher, comme le veut sa destinée, — toujours plus haut, toujours plus loin — vers l'idéal glorieux que lui réserve l'Histoire !

GUSTAVE FAUTRAS.

A TRAVERS
L'ANNÉE TRAGIQUE

ARMÉE DU RHIN

L'ODYSSÉE D'UN ARTILLEUR

I

AVANT LA GUERRE

Conscrit de la classe de 1865, dans le canton d'Anet (Eure-et-Loir), Durand avait été incorporé, le 22 août 1866, au 1er régiment d'artillerie à pied, alors en garnison à Rennes. De constitution robuste, d'appétit solide, d'une invariable bonne humeur, il s'était vite habitué au métier militaire, sans que la fatigue des manœuvres et la perspective interminable d'un service de sept ans vinssent altérer sa santé ou troubler la sérénité de sa vie printanière. Son instruction élémentaire ne lui permettait guère d'aspirer au grade modeste de sous-officier; mais il était ponctuel, laborieux, persévérant, et ses qualités de ténacité et d'endurance lui valurent d'être remarqué de ses chefs : encouragé par eux, il suivit assidûment les cours du soir de la caserne, se mit à l'étude avec ardeur et obtint les galons de brigadier le 25 juillet 1868, dans la capitale de la Lorraine, à Metz, où son régiment, dont huit batteries étaient maintenant montées, avait été envoyé l'année précédente.

Peu de temps après, son lieutenant l'inscrivait d'office sur la liste du peloton d'instruction des futurs sous-officiers. Il eut à cœur de connaître alors parfaitement la théorie et d'être classé l'un des premiers parmi les candidats. Détaché avec sa batterie à Sarreguemines, et brigadier chargé de l'ordinaire, il apprit même assez d'allemand pour discuter avec les habitants de la région sur le prix et la qualité des denrées qu'il devait journellement acheter.

Très soucieux du point d'honneur, Durand ne souffrait ni la moquerie ni l'injure, et, dans un duel au sabre, il blessa gravement une fois son collègue Michon, un vieux brigadier de la campagne du Mexique, qui l'avait apostrophé d'une façon désobligeante.

Nommé maréchal des logis à la 8e batterie, le 28 septembre 1869, il passa l'automne et l'hiver en détachement à Sarreguemines, où la population témoignait aux soldats la plus grande affabilité et leur versait à plein verre le petit vin gris du pays, doux et réconfortant.

Un jour, un sous-officier prussien en garnison à Sarrebrück, vint près de là, au village de Grossbliederstroff, en permission chez des membres de sa famille. On fraternisa le soir à la cantine, et le Teuton ne cacha pas aux sous-officiers français qu'en Allemagne la guerre semblait proche et inévitable, que toutes les troupes étaient prêtes pour la campagne, et que la France, disait-on, n'était pas en mesure de soutenir avantageusement la lutte.

Personne n'ajouta foi à ces divulgations du soldat étranger, dont les paroles cependant reflétaient exactement l'état d'esprit de ses compatriotes. A ce moment d'ailleurs, l'affaire Troppmann faisait diversion aux questions de politique extérieure et les récits circonstanciés de cet épouvantable drame captivaient l'attention de tous les Français.

MARÉCHAL DES LOGIS DURAND

Au mois de mars, la 8e batterie du 1er d'artillerie fut envoyée de Sarreguemines à Stenay, sur la Meuse, où elle ne fit qu'un court séjour, puis à Longwy, près de la frontière belge. C'est de là qu'un ordre du régiment lui prescrivit, le 10 juillet, de rentrer à Metz, où l'imminence d'une guerre avec la Prusse alimentait toutes les conversations.

*
* *

Dès le 19 au matin, le jour même où la déclaration de guerre était notifiée à Berlin, Durand et son collègue Daguin, de la 6e batterie, furent désignés par le colonel Soleil, qui commandait le 1er régiment d'artillerie, pour aller prendre possession, au Mont-Valérien, sous la conduite du lieutenant Dampierre, de deux batteries de mitrailleuses. Mais déjà les voies étaient occupées par des trains militaires qui transportaient des troupes à la frontière, et il fallut attendre de longues heures avant que les trois hommes pussent partir pour Paris. Ils y arrivaient le lendemain et se présentaient aussitôt chez le commandant d'armes, à Saint-Thomas d'Aquin, où le lieutenant apprenant sa nomination de capitaine chargea Durand des fonctions de chef de détachement et s'empressa de se rendre à son poste, comme il en avait l'ordre.

Au Mont-Valérien, les deux sous-officiers furent initiés à la manœuvre d'une pièce mitrailleuse, et après quatre jours d'exercice, ils en connaissaient assez la nomenclature et le fonctionnement pour servir eux-mêmes d'instructeurs.

Le nouvel engin, on se le rappelle, avait les dimensions d'une pièce de quatre de campagne et était muni dans l'âme de vingt-cinq tubes superposés par rangées de cinq. L'évidement de la culasse permettait d'y introduire une autre culasse mobile contenant vingt-cinq cartouches à balles, qu'une vis de pression poussait dans les tubes. Autant d'aiguilles, renfermées dans un ressort à boudin et appuyées contre une plaque de déclanchement, arrivaient, en tournant une manivelle, chacune en face d'un trou correspondant, frappaient les cartouches et faisaient partir les coups, non point simultanément, mais par rangées successives, la première d'abord, la troisième ensuite, la cinquième, la deuxième et la quatrième, — puis dans chaque rangée et dans le même ordre, la première cartouche, la troisième, la cinquième, la deuxième et enfin la quatrième.

De plus, au moyen d'une seconde manivelle placée sur le

VUE DE METZ

côté, le pointeur pouvait, au moment du tir, faire dévier horizontalement, de droite à gauche, la bouche de la pièce de deux ou trois centimètres, et produire ainsi, à la distance de 2 000 mètres, un déplacement d'environ 50 mètres. Un coup de mitrailleuse bien combiné avait de la sorte un effet semblable, mais beaucoup plus étendu, à celui d'un coup de faulx dans un champ de blé.

Le coup parti, on tournait en sens inverse la manivelle principale, et la culasse mobile, dégagée et rapprochée par un servant de vingt-cinq chevilles situées sur la crosse de l'affût, était débarrassée, en appuyant quelque peu, de la douille des cartouches vides. Deux coups pouvaient être tirés par minute, quand la manœuvre était régulièrement exécutée, et il y avait 419 coups à tirer par pièce.

Familiarisés suffisamment avec l'engin, Durand et Daguin reçurent chacun du commandant du fort six pièces mitrailleuses, pourvues de tous les accessoires de campagne, ce qui formait un convoi de 29 voitures. Au quartier d'artillerie de Vincennes, ils devaient trouver les attelages nécessaires pour emmener le matériel. Mais il n'y avait là aucun homme ni aucun attelage disponible, et les deux maréchaux des logis furent obligés de se rendre à Versailles et de s'adresser successivement à tous les régiments de la garnison, artillerie, génie et train des équipages militaires, avant d'obtenir satisfaction. Dès le début de la guerre apparaissaient ainsi le désarroi et la désorganisation. Le 11e d'artillerie fournit enfin les attelages, et le lendemain, le matériel, quittant le Mont-Valérien et traversant Paris, fut parqué devant la gare d'embarquement de Pantin, sur les glacis des fortifications.

En attendant que la compagnie de l'Est pût faire procéder au chargement des 58 voitures, de nombreux individus à mine peu rassurante — qu'on devait retrouver dans la Commune, au 18 mars 1871, — examinaient les pièces, enlevaient les chemises de cuir qui en cachaient la bouche et la culasse, et malgré la défense des gardiens, cherchaient à en étudier le mécanisme. Il fallut l'intervention du commissaire de police du quartier et d'une quinzaine d'agents pour débarrasser les abords de la gare de ces cosmopolites désœuvrés.

Dans la nuit seulement le convoi put partir, n'avançant

qu'avec lenteur, obligé à de fréquents arrêts pour livrer passage aux trains de troupes qui se suivaient à peu d'intervalle. Toutes les gares, le long de la voie, étaient remplies de paysans qui acclamaient les soldats, leur offraient du vin et des aliments et leur souhaitaient la victoire.

Le 29 juillet, dix jours après leur départ, Durand et Daguin étaient de retour à Metz. Leur régiment, qui faisait partie de la 3e division du 4e corps d'armée, avait quitté la caserne Chambière, et c'est à Thionville qu'ils le rejoignirent. Sans désemparer, les deux maréchaux des logis instruisirent leurs hommes, et une semaine plus tard les mitrailleuses pouvaient être utilisées. Le régiment, d'ailleurs, fit vainement pendant quelques jours le trajet de Thionville à Boulay et à la frontière : l'ennemi pour lui restait invisible. Mais le 7 août, après la défaite de la veille, à Spicheren, du 2e corps d'armée, commandé par le général Frossard, le 1er d'artillerie battit en retraite à marche forcée jusqu'à Sainte-Barbe, où il arriva le 12 au soir. Parqué dans des terres labourées, il eut à supporter la nuit un orage violent; les tentes furent enlevées par le vent, et les hommes, enfonçant dans la boue jusqu'à mi-jambes, purent à peine retrouver, dispersés de tous côtés, les harnais de leurs chevaux.

GÉNÉRAL FROSSARD

La pluie tombait encore, fine et drue, quand, dès l'aube, le régiment se dirigea vers Metz et vint camper sous le fort Saint-Julien, qui ne devait être terminé que pendant le blocus de la ville et qui n'avait, ce jour-là, pour tout armement que deux pièces de 12 de place, montées sur affûts de campagne.

Si les Prussiens avaient connu cette situation, il leur eût été facile de s'emparer du fort; mais leurs éclaireurs, qui suivaient de près cependant et pénétraient même dans les villages où se trouvaient encore des soldats d'arrière-garde, ne les renseignèrent pas.

Le 13, le 1er d'artillerie resta toute la journée inactif, et Durand vit l'Empereur traverser le camp dans une voiture découverte, en compagnie de deux généraux et du maréchal Bazaine, auquel il avait, dès le 5 août, donné le commandement des 2e, 3e et 4e corps. Il semblait triste et fatigué, et ne répondait que d'un geste las aux soldats qui, peu nombreux et sans enthousiasme, le saluaient du cri de « Vive l'Empereur! ». Il allait sur Verdun, attiré déjà par Sedan, le gouffre tragique où le second Empire devait être englouti.

II

AUTOUR DE METZ

Dans la matinée du 14, le régiment recevait l'ordre de se porter sur la rive gauche de la Moselle, sous les forts de Plappeville et de Saint-Quentin. A peine y était-il installé, après avoir mis huit heures à parcourir quelques kilomètres, qu'un officier d'état-major arrivant au galop de charge, ordonnait à la 8e batterie de rebrousser chemin et de revenir vers Saint-Julien, sur la route de Sarrelouis. Au risque de tomber dans la rivière, on se précipita sur le pont de bateaux, et une demi-heure plus tard, malgré les balles qui pleuvaient de toutes parts, les pièces prenaient position et commençaient leur feu. Les tirailleurs ennemis ne se trouvaient qu'à une centaine de mètres, et déjà la batterie avait perdu une dizaine d'hommes et cinq chevaux, quand les premiers coups de mitrailleuses jetèrent le désordre dans les bataillons prussiens, qui s'avançaient en colonnes serrées entre un bois sombre et le village de Borny. Pendant plus de deux heures, le feu violent de cette batterie causa des ravages meurtriers dans la masse compacte des Allemands, qui comblèrent presque de leurs morts le ravin sur la pente duquel ils combattaient.

Devant les troupes du 4e corps qui, sous les ordres du général de Ladmirault, avaient repassé la Moselle et étaient accourues au pas de charge renforcer celles du 3e et la garde, — lesquelles soutenaient l'attaque énergique des 7e et 1er corps prussiens, — l'armée ennemie dut se replier, vers huit heures du soir, sur ses anciens emplacements. Forte de 70 000 hommes, elle en avait perdu 5 000, dont 1 200 tués. De notre côté, nous avions engagé 50 000 hommes, et la bataille nous coûtait 500 morts et environ 3 000 blessés ou disparus.

GÉNÉRAL DE LADMIRAULT

Quelques coups de canon, espacés de loin en loin, résonnèrent encore dans la nuit, jusqu'à dix heures; puis, pendant que les ambulanciers relevaient les blessés et enterraient les morts, le ralliement se fit entendre, et le 1er d'artillerie, avec les autres troupes de la division, vint réoccuper son campement du matin, où il n'arriva qu'à cinq heures. Les hommes, exténués de fatigue, dormaient sur leurs chevaux; presque tous n'avaient pris aucune nourriture depuis vingt heures.

La journée du 15 fut consacrée au repos et au nettoyage des pièces. Le 16, dès cinq heures du matin, pendant que l'Empereur, accompagné du prince impérial et de deux généraux, quittait Longeville dans un landau brillamment escorté et atteignait Verdun sans être inquiété, le régiment de Durand leva le camp pour prendre part à la bataille de Rezonville; mais l'entrée en ligne du 4e corps se fit tardivement, et ce n'est que vers trois heures de l'après-midi que les mitrailleuses furent mises en action. Bazaine, préoccupé de ses communications avec Metz, restait indécis et apathique : le général de Ladmirault, d'après les ordres du commandant en chef, devait garder une attitude strictement défensive.

La 8e batterie, amenée dans un repli de terrain, à 500 mètres en avant d'une ferme, soutint le choc de bataillons ennemis sans cesse renouvelés, qu'elle cribla de mitraille et anéantit en partie. Les projectiles prussiens ne lui firent à elle-même que peu de mal : ils tombaient, au delà du point occupé par elle, dans les bâtiments de la ferme, bientôt détruits sous une grêle d'obus. L'artillerie allemande, *on le sait*, fit rage en cette journée et tira près de vingt mille coups de canon, soit environ 90 par pièce.

MONUMENT
DE MARS-LA-TOUR

Vers sept heures du soir, les hommes de la batterie, interrompant leur feu, furent témoins de la terrible mêlée de cavalerie où le général de division Legrand trouva la mort, et où six régiments français et sept allemands se chargèrent avec furie sur le plateau de Ville-sur-Yron, près de Tronville. Spectacle effrayant et grandiose que celui de cette chevauchée impétueuse où 5 000 cavaliers se heurtaient et se sabraient dans un nuage de poussière, au milieu du fracas des armures, du cliquetis des lames d'acier, du roulement assourdissant d'un galop effréné, des cris de détresse des hommes désarçonnés et écrasés sous le sabot des chevaux !

Les Allemands durent à ce moment céder le terrain et rétrograder sur Mars-la-Tour. Mais à l'aile opposée, sur Rezonville, le combat continuait et ne prenait fin qu'à dix heures du soir, après l'insuccès d'un dernier effort du prince Frédéric-Charles avec les 8ᵉ et 9ᵉ corps.

Cette bataille sanglante, l'une des plus meurtrières de toute la guerre, ne devait avoir, malgré l'acharnement de la lutte, qu'un résultat presque négatif. Chaque parti s'attribuait la victoire : pourtant l'ennemi arrêtait notre marche et nous interdisait l'une des deux routes de Verdun. — Sur 95 000 combattants, les Allemands avaient perdu 16 000 hommes, dont 4 500 tués. Les pertes, de notre côté, étaient à peu près égales; sur un effectif de 135 000 hommes, — car le 16 août, la supériorité du nombre nous appartenait, — 5 000 avaient disparu, 9 000 environ étaient blessés, et 1 400 tués.

Le 1ᵉʳ d'artillerie, quand la canonnade eut cessé, revint sur ses emplacements du matin et passa la journée du lendemain, avec les autres troupes, à se replier sur Metz, comme le maréchal Bazaine, s'avouant par là vaincu et trompant déjà la confiance de l'armée, en avait donné l'ordre, sous prétexte de ravitaillement. On chemina toute la nuit, avec une extrême lenteur, la marche étant interrompue fréquemment par de longs arrêts. Le 18, à quatre heures du matin, on prenait enfin position entre Amanvillers et Saint-Privat. Mais les feux étaient à peine allumés pour la préparation du café que les canons prussiens se faisaient entendre et envoyaient des obus, près de là, dans le camp de l'infanterie, où les soldats, surpris, reposaient encore.

A la 8ᵉ batterie, les hommes bridèrent leurs chevaux et

se tinrent prêts à commencer le feu. C'est en vain d'ailleurs que, immobiles et impatients, ils attendirent des ordres. A la fin, le lieutenant-colonel qui commandait la section, un très brave homme, prit sur lui de les mettre en mouvement. — « Eh bien! mes enfants, leur cria-t-il, puisqu'on nous oublie, allons-y de nous-mêmes! » — Et la batterie de mitrailleuses à gauche, celle de canons de 12 de campagne à droite, il les fit s'avancer dans la direction de Saint-Privat, car il fallait approcher l'ennemi pour que le tir fût efficace, la portée des mitrailleuses ne dépassant pas 2 800 mètres.

MARÉCHAL BAZAINE

Près de deux kilomètres furent ainsi parcourus, sous le feu de l'ennemi, avant que les pièces pussent prendre position. Mais bientôt leur tir à volonté fit des trouées meurtrières dans les masses ennemies qui, en face, s'échelonnaient sur le coteau, et les tint en échec pendant quelques heures, les obligeant par instants à fléchir et à reculer. Dans l'après-midi, vers trois heures, la batterie de 12 avait épuisé ses munitions. Un maréchal des logis chef, dépêché au parc de réserve pour l'en réapprovisionner, ne put en obtenir du colonel commandant, celui-ci ne voulant rien délivrer sans un bon du chef de section. Était-il correct, en effet, que la paperasserie militaire se départît de ses droits, même pour le salut commun? Le sous-officier revint donc, et le temps passa : la batterie, sans pouvoir répondre, fut criblée de projectiles ennemis, — mais les formalités administratives étaient sauves.

MARÉCHAL CANROBERT

Ce cas ne fut pas isolé, du reste. A notre aile droite, ce jour-là, le maréchal Canrobert, qui n'avait déjà qu'une artillerie insuffisante, se trouva dépourvu de munitions et ne revit pas les voitures envoyées à Metz pour s'en procurer.

Débordées par l'ennemi, les deux batteries dont nous parlons durent abandonner leur position. Celle de mitrailleuses avait perdu 40 hommes, dont 15 tués, et 27 chevaux; celle de 12 eut une centaine d'hommes hors de combat.

A six heures du soir, — quand le roi Guillaume et le général de Moltke lancèrent leurs troupes de droite dans un assaut général, et que le prince Frédéric-Charles, à gauche, fit converger sur Saint-Privat le tir de ses 210 pièces, — le champ de bataille était devenu une fournaise ardente, un lieu de massacre où s'amoncelaient les morts et les blessés. De tous côtés, des fermes de Moscou, Leipzick, La Folie, Montigny-la-Grange, des villages de Gravelotte, Rozériculles, Amanvillers, Saint-Privat, Sainte-Marie-aux-Chênes, s'élevaient des tourbillons de fumée et crépitaient les flammes de sinistres incendies. Les habitants fuyaient, épouvantés, cherchant à sauver du désastre ce qu'ils pouvaient emporter de leurs effets ou des ustensiles de ménage.

Vers cinq heures, une femme chargée d'un matelas et tenant par la main une fillette de sept à huit ans, passait affolée devant le front de la 8e batterie, quand un obus prussien vint la décapiter. L'enfant, inconsciente du danger, s'était agenouillée près de la morte et ne semblait pas vouloir la quitter. Mais sur la demande du capitaine de la batterie, un homme de bonne volonté — le maréchal des logis Durand — se présenta, franchit au pas de course, sous la grêle de projectiles qui balayaient le terrain, les 900 mètres qu'il fallait parcourir, et fut assez heureux pour revenir sain et sauf avec la pauvrette, qui sanglotait à fendre l'âme et qui fut aussitôt conduite à l'ambulance. Que devint-elle? Si la vie lui a été conservée, c'est assurément une de ces Lorraines au cœur vaillant qui enseignent autour d'elles à se souvenir et à maudire le joug tudesque.

Non secourus par la division de grenadiers de la garde impériale, — que le maréchal Canrobert avait en vain réclamée et que le général Bourbaki, enfreignant les ordres formels de Bazaine, se détermina pourtant à mettre en marche, mais trop tardivement, — les défenseurs énergiques d'Amanvillers et de Saint-Privat furent obligés de reculer sur les bois de Jaumont et la ferme de Montigny-la-Grange, tout en continuant, jusqu'à huit heures, de répondre au feu de l'ennemi.

Un moment, les troupes sont arrêtées par un convoi de l'intendance dans lequel une fausse manœuvre a jeté le désarroi. Des voitures chargées de denrées alimentaires, de tonneaux de vin et d'eau-de-vie, ont été renversées, et la route est encombrée de caisses, de fûts, de sacs de toute espèce. Chaque homme, en passant, puise dans ce chaos et en emporte ce qu'il peut. Durand, pour sa part, fait jeter sur le caisson d'une pièce un sac pesant, qui lui semble contenir du café. Arrivé au camp, il constate que c'est du sel; mais bien lui prit cependant de le garder, car ce sel, qui plus tard valait dix francs le kilogramme, rendit les plus grands services aux hommes de sa batterie.

Cette journée de carnage où, contre 140 000 Français, les Allemands avaient engagé 179 000 fantassins, 24 600 cavaliers, et dirigé le feu de 726 canons, coûtait à l'ennemi 900 officiers et 20 000 hommes, dont 5 250 tués. Nous avions nous-mêmes 12 300 hommes hors de combat, dont 1 150 tués, 6 700 blessés et 4 450 disparus.

La lutte terminée, les corps français se replièrent sous Metz, et ils apprenaient le lendemain que la ville était investie.

A partir de ce moment, le 1er d'artillerie passa, comme les autres troupes, par toutes les inquiétudes, les angoisses, les impatiences, l'exaspération même du blocus, supporta les privations, les misères, la lente agonie de toute l'armée, et ne sortit de son inaction que pour prendre part à ces démonstrations sans résultat, que le maréchal Bazaine décidait de temps à autre, et qui devaient, dans sa pensée, calmer la fièvre du soldat et lui donner l'illusion des préliminaires d'un effort suprême.

C'est ainsi que, le 26 août, ce régiment fut mis en mouvement pour le simulacre de sortie du côté de Noisseville, à l'est de Metz, sur la route de Sarrebrück. Parti de son campement dès cinq heures du matin, quand le soleil apparaissait à l'horizon, il n'arriva sur l'emplacement où devait commencer l'action, à trois kilomètres de là, que vers quatre heures du soir. Les Allemands ne se montrant pas, on amena du fort Saint-Julien deux pièces de canon de 12 long, qui tirèrent quelques coups sur la ligne d'investissement. Mais l'attaque resta sans réponse, et la pluie s'étant mise à tomber, les troupes firent aussitôt volte-face pour revenir à leur point de départ, sans comprendre l'utilité de la manœuvre qu'avec beaucoup de fatigue elles venaient d'exécuter.

L'opération cependant fut reprise cinq jours plus tard, le

SAINT-PRIVAT (18) AOUT 1870

31 août, car l'armée, de plus en plus, s'agitait et frémissait, et Bazaine, pour satisfaire au besoin d'activité dont elle était secouée, ne croyait qu'à l'efficacité d'une prescription thérapeutique : lui donner de l'air et lui tirer du sang. Les 3ᵉ, 4ᵉ et 6ᵉ corps avaient l'ordre d'enlever le plateau de Sainte-Barbe, le 2ᵉ, appuyé de la garde, de pousser une pointe sur la route de Thionville.

Mais, comme la première fois, bien que le départ eût lieu de grand matin, le passage des ponts, sur la Moselle, ne se fit qu'avec une lenteur désespérante, la marche fut entravée par des retards successifs, et c'est à quatre heures seulement que nos troupes, concentrées sur la rive droite, purent attaquer l'ennemi.

Les Allemands répondirent; le peu de célérité du mouvement leur avait permis de se porter en force vers le point menacé, et le combat se poursuivit jusque dans la nuit, l'obscurité seule y mettant fin de part et d'autre. Deux batteries ennemies restées aux mains des chasseurs à pied, ne purent être emmenées faute de chevaux et furent reprises par l'adversaire quand il réoccupa la position.

Le lendemain, 1ᵉʳ septembre, dès six heures du matin, le feu recommença par un brouillard tellement intense qu'à dix pas devant soi on ne découvrait rien. Les Allemands avaient d'ailleurs reçu des renforts considérables et le général de Manteuffel, avec 114 pièces de canon, contraignait, vers dix heures, notre droite à abandonner Noisseville.

La lutte cependant pouvait être continuée. Mais le maréchal Bazaine en décidait autrement, et à midi, alors que la brume avait disparu sous les rayons d'un soleil resplendissant, il donnait l'ordre de revenir aux camps, où les troupes, harassées de la marche bien plus que du combat, n'arrivèrent qu'à dix heures du soir. Dans cette démonstration, aussi meurtrière qu'inefficace, 3 500 hommes environ, d'un côté comme de l'autre, avaient été tués ou blessés.

C'est ensuite l'inaction la plus complète, — et les Allemands en profitent pour investir plus étroitement la ville, l'entourer d'une enceinte formidable de batteries, et établir des observatoires d'où ils surveillent tous les mouvements des troupes françaises.

La monotonie du blocus n'est rompue, de temps à autre, que par les petites opérations qui permettent d'enlever, dans les villages d'alentour, de la paille ou du blé et d'augmenter quelque peu l'approvisionnement : le 26 septembre, à la fois sur Peltre et sur Ladonchamps; — le 7 octobre, encore sur Ladonchamps, sortie plus sérieuse, dernière convulsion d'une armée de 170 000 soldats qui va disparaître bientôt, et où 1 200 hommes sont mis hors de combat.

Ce jour-là, à six heures du soir, par une pluie torrentielle, les obus allemands, passant par-dessus le fort de Plappeville, viennent tomber dans le camp du 1er régiment d'artillerie. A la hâte, on attelle aux pièces les chevaux qui restent, — car depuis le commencement d'octobre, il a fallu manger de la viande de cheval, — et on attend des ordres, qui, comme toujours, ne surgissent d'aucune initiative et ne sont donnés par personne. Les forts de Saint-Quentin et de Plappeville répondent seuls au feu de l'ennemi : les mitrailleuses, toutes prêtes, sont inutilisées.

Depuis la mi-septembre, le temps a été pluvieux sans discontinuer, et les hommes pataugent dans une boue liquide, sur laquelle il leur faut sommeiller la nuit sans aucun moyen de se garantir de l'humidité. Des soldats, initiés aux mœurs africaines, se sont abrités dans des gourbis rudimentaires faits de terre et de branchages ; mais au fur et à mesure que se prolonge le blocus, tous les arbres environnants sont coupés et brûlés, et pour la préparation de la soupe tout combustible devient ensuite introuvable.

Chaque jour, de nombreux chevaux sont conduits aux abattoirs et dépecés pour la nourriture des troupes. Les pauvres animaux, horriblement maigres, font peine à voir, car depuis longtemps, mourant de faim, ils ne peuvent que ronger ce qui leur tombe sous la dent, les roues ou les timons des voitures, les crins même que, de l'un à l'autre, ils s'arrachent de la queue ou du cou.

Durand, depuis le début de la campagne, en possédait un — *Louis* était son nom, — qu'il avait dressé à sa fantaisie et qu'il prisait particulièrement. Quand, à son tour, le malheureux cheval fut désigné pour la boucherie, son cavalier voulut par reconnaissance lui épargner cette fin et conserver le doute au moins sur le sort qui l'attendait : il le mena, la nuit, le plus loin possible dans la campagne, lui caressa de la main sa croupe osseuse, lui frôla de la joue son naseau brûlant, puis, le cœur serré, l'abandonna entre les lignes des armées ennemies et rentra précipitamment au camp.

Cependant de sourdes rumeurs circulaient dans les rangs. L'écho des événements de Sedan et de Paris arrivait vaguement jusqu'à Metz et jetait la stupeur parmi les troupes. Le journal la *Moselle*, distribué aux soldats, cherchait bien à les pénétrer de cette idée que le maréchal Bazaine avait un plan arrêté, qu'on allait mettre à pied et armer de fusils la cavalerie et les officiers, utiliser l'artillerie avec les chevaux ainsi rendus disponibles, et que, le moment venu, l'armée ferait en masse une sortie triomphante.

Mais ce thème, incessamment développé, ne trompa bientôt plus personne ; la démoralisation d'un jour à l'autre étendit son œuvre, et la confiance, loin de renaître, fit place à des inquiétudes angoissantes, à des craintes hautement exprimées de déloyauté et de trahison.

Le 24 octobre, le capitaine de la 8e batterie appelle à sa tente le maréchal des logis Durand et lui donne l'ordre de faire nettoyer les mitrailleuses et de rassembler les attelages nécessaires pour les conduire le lendemain à l'arsenal, d'emmener aussi une prolonge pour rapporter des fusils qu'on lui remettra en échange des pièces. Durand fait remarquer à son chef qu'il est difficile de trouver dans la batterie le nombre de chevaux suffisant pour atteler les six pièces avec leurs caissons. — « Je le sais, répond le capitaine, les larmes aux yeux. Mais ne vous chargez que des pièces et de la prolonge, bien que j'aie la conviction qu'on ne vous donnera pas d'armes. Ce sont les ordres, les derniers sans doute, que je viens de recevoir. Pour les exécuter, prenez, s'il le faut, les chevaux de sous-officiers et d'officiers. »

Durand se conforma à ces instructions, le 25, après-midi, et put constater, en arrivant à l'arsenal, qu'il n'accomplissait pas là un acte isolé : nombre de canons encombraient déjà la cour, et c'est à peine s'il put y parquer les mitrailleuses qu'au début de la campagne il était allé chercher au

Mont-Valérien. Mais lorsque, dans les bureaux, il réclama un récépissé et des fusils, il lui fut répondu que le colonel commandant était parti et qu'il ne délivrait rien d'ailleurs, ni papiers ni chassepots.

Rentré au camp, le maréchal des logis rendit compte au capitaine de sa mission. — « Je prévoyais ce résultat, lui dit l'officier, peu surpris. C'est la reddition à brève échéance. » — Et ne trouvant pas, pour exhaler son indignation, d'autre expression que celle-là même, criée à tous les vents par le troupier exaspéré, il ajouta : « *Nous sommes vendus!...* »

— « Mais tous ne seront pas livrés, repartit Durand d'un ton décidé; car, dès demain, je quitterai Metz pour tenter de rejoindre l'armée de Paris.... »

III

AUX MAINS DES ALLEMANDS

Le lendemain matin, en effet, Durand informait ses camarades de sa résolution et les engageait à prendre la même détermination. Mais personne n'ayant foi dans le succès de sa tentative, il partit seul, et s'éloigna du camp avec l'intention de gagner le Luxembourg et la Belgique, d'où il pouvait sans trop de difficultés rentrer en France.

Les postes français de grande garde n'existaient déjà plus, et Durand, en se dissimulant derrière les arbres et les buissons, réussit à franchir sans être vu le premier cordon des sentinelles allemandes. Peut-être se fût-il soustrait jusqu'en pays neutre à la surveillance rigoureuse qu'exerçait l'ennemi, si la faim ne l'eût trop vivement talonné, — et un champ de pommes de terre, qu'il aperçut de la lisière d'un bois, lui offrait une ressource dont il voulut profiter. S'aventurant à travers les hautes herbes qui couvraient le terrain, il était occupé depuis quelques instants à s'approvisionner, quand tout à coup, d'une excavation profonde qu'il n'avait pas remarquée, surgissent quatre soldats allemands qui le mettent en joue, à cinq ou six mètres, et qui, le voyant sans arme, se jettent soudain sur lui, l'appréhendent, le fouillent et le conduisent à leur poste d'avant-garde, situé près de là.

L'officier qui commande sourit avec incrédulité quand, aux questions qu'il lui pose sur la situation de l'armée française, le temps qu'elle peut tenir encore, Durand répond délibérément que les vivres ne font pas défaut, que les troupes sont pleines d'entrain. Au château de Frescaty, où se trouve le prince Frédéric-Charles, il doit subir le même interrogatoire; mais devant son mutisme, on ne lui cache pas que l'état-major est suffisamment renseigné et que, dans quelques jours, Bazaine aura capitulé.

On lui donne ensuite à manger, car en dépit de son assurance, il est visible que la faim le tourmente, — et le plat de choux mêlés de lard et de pommes de terre qui lui est apporté, fait diversion à l'ordinaire dont il s'est alimenté depuis de longues semaines : un peu de viande de cheval bouillie dans de l'eau, sans sel ni aucun assaisonnement.

Une vingtaine de soldats français qui, à la recherche de provisions, se sont trop écartés de leur camp, ont été pris dans les champs environnants, et, réunis au quartier général, on les dirige le lendemain sur Vernéville. Durand fait partie du groupe, qu'escortent des uhlans impitoyables, la carabine en sautoir, la lance à la botte, et le fouet même à la main, — un fouet à manche court, mais à longue mèche, qui cingle au visage et ramène dans le rang tous ceux auxquels le paysan, sur le chemin, se montre secourable et tend un morceau de pain.

A Vernéville, où passait une ligne stratégique reliant les autres voies ferrées des alentours de Metz, se trouvaient de nombreux prisonniers, qu'on entassa dans des vagons à bestiaux et qu'on fit partir aussitôt vers la frontière. Le train ne s'arrêta qu'à Sarrebrück. Les captifs, conduits au théâtre de la ville au milieu des rires moqueurs de toute la population, mangèrent une maigre soupe aux pois cassés, et à chacun fut remis un pain glaiseux, noir comme du charbon, qui représentait la ration de deux journées.

Ce n'est que le lendemain soir, au bruit des détonations d'armes à feu qu'en signe d'allégresse faisait éclater partout la nouvelle de la capitulation, que les prisonniers reprenaient possession de leurs vagons découverts, où, debout, pressés tellement qu'ils ne pouvaient ni s'asseoir ni se mettre à genoux, ils restèrent vingt-quatre heures, titubant comme des hommes ivres lorsqu'ils descendirent à Wesel, lieu de leur internement.

Là, au confluent de la Lippe et du Rhin, on les parqua dans un herbage marécageux, sous des tentes françaises prises à Sedan. Dix à quinze mille prisonniers, gardés par des soldats de la landwehr, étaient rassemblés en cet endroit.

De ce nombre faisait partie une compagnie de turcos, dont le caractère indépendant ne s'accommodait guère de la discipline draconienne de l'ennemi. Leur entêtement provoquait des incidents fréquents, et les Allemands, quand ils voulaient imposer à ces enfants d'Afrique les exigences tyranniques du règlement, n'avaient presque toujours le dernier mot avec eux qu'en recourant à la force.

Le campement était limité d'un côté par le Rhin, de l'autre par la ville; un talus de chemin de fer le longeait à l'est, tandis qu'une sorte de bastion, flanqué d'un moulin à vent, le fermait à l'ouest.

Mais comme le Rhin débordait et menaçait de submerger l'herbage, le camp fut transporté bientôt, quatre kilomètres plus loin, à Büderich, dans une île fortifiée où des baraquements avaient été construits.

IV

ÉVASION DU CAMP DE WESEL

A peine était-il installé sur ce nouvel emplacement que le maréchal des logis Durand fut hanté par l'idée de recouvrer la liberté et forma le projet de s'évader. Ce n'était pas chose facile. De tous côtés, les bras du Rhin, grossis par l'inondation, entouraient l'île d'une nappe d'eau considérable, que le plus habile nageur ne se fût pas hasardé à traverser. Sur la rive droite, le viaduc du chemin de fer qui va vers Emmerich et Arnheim était inaccessible ; sur la rive gauche, le fort de Blücher, gardé par un poste, protégeait le pont de bateaux qui rattache les deux parties du fleuve et qu'une sentinelle surveillait nuit et jour.

Malgré toutes les difficultés de l'entreprise, tous les obstacles qu'il entrevoyait, Durand ne se découragea pas et chercha les moyens d'échapper au régime de la captivité, qui lui devenait intolérable.

Aussi bien, d'autres sous-officiers, sans dévoiler leur pensée, étaient-ils résolus de même à sortir de là, et trois d'entre eux devaient-ils réussir, à l'aide d'une barque et à travers les glaçons que charriait le fleuve, à quitter cette île maudite et à regagner la France.

La nourriture, d'ailleurs, était de si mauvaise qualité que de nombreux soldats ne la pouvaient supporter : le jeûne, la faim, la dysenterie ravageaient les tempéraments affaiblis; les décès se multipliaient, et chaque jour, sur les bords du Rhin, à l'une des extrémités du camp, des fosses communes creusées d'avance s'emplissaient de la dépouille mortelle de jeunes et valeureux Français.

Puis, les Allemands, souvent excités par l'eau-de-vie, traitaient les prisonniers de la façon la plus indigne. Le moindre manquement, même involontaire, aux prescriptions du code, était suivi d'une répression inhumaine. On malmenait le vaincu, que son infortune, plus encore que les lois de la guerre, devait rendre sacré; on le frappait lâchement, sans respect pour son uniforme, sans honte des coups portés à tout homme impuissant et désarmé.

Un matin, le 10 novembre, — je ne citerai que ce fait, — les soldats, rangés pour l'appel, grelottaient devant leurs baraquements, les pieds dans la neige, insuffisamment garantis contre le froid par les vêtements usés qu'ils avaient endossés pendant toute la campagne. Les factionnaires, brutalement, les faisaient aligner, quand un fantassin de haute taille, sous l'acuité de la douleur, se rebiffa contre l'un d'eux, qui venait de lui meurtrir le pied d'un coup de crosse de fusil. Un officier tout jeune, malingre et petit, de service ce jour-là, s'approchant aussitôt du prisonnier, l'injuria à la fois en français et en allemand, se raidit d'un mouvement irascible pour lui cracher au visage, et du plat de son sabre le frappa violemment sur l'épaule. Le malheureux, à qui l'outrage ne permit pas de se maîtriser plus longtemps, bondit alors sur l'officier, l'enleva comme il l'eût fait d'un fardeau léger et sans qu'aucun de ses camarades, vivement impressionnés de la scène, ait eu le temps d'intervenir et d'en appeler à sa raison, il le jeta à terre et le trépigna du talon.

Le Teuton fut emporté sans connaissance. Mais dans la journée, le prisonnier était fusillé, sans même qu'un conseil de guerre l'eût régulièrement jugé.

Le lendemain, l'officier général qui commandait le camp rappelait aux soldats français, dans un ordre du jour comminatoire, qu'ils étaient soumis aux lois et règlements du code militaire allemand, et qu'ils encouraient la mort, sans rémission, pour menaces ou voies de fait envers un supérieur, comme pour toute tentative de rébellion ou d'évasion.

Malgré une perspective aussi peu rassurante, Durand poursuivait son idée et cherchait un camarade pour quitter cette épouvantable galère, où, quelque jour sans doute, il lui serait arrivé à lui-même, soucieux dans le malheur d'être respecté comme soldat, de châtier de sa main l'imprudent factionnaire qui l'eût insulté ou frappé.

Son plan, d'ailleurs, était trouvé : il lui fallait se déguiser, jeter dans le Rhin la sentinelle qui gardait le pont, s'enfuir à travers la campagne, se cacher le jour, ne voyager que la nuit, et gagner ainsi la Hollande, puis la Belgique, et enfin la France. Mais ce projet devenait d'une exécution d'autant plus difficile que le maréchal des logis n'avait pas la moindre notion topographique des lieux, et qu'il ne possédait ni carte de la région ni un centime en poche. Cela n'empêcha point Durand de se mettre en quête, d'aller d'une baraque à l'autre, circonspect et réservé, ne révélant son intention qu'à des hommes sûrs, qui tous, du reste, sans trahir ses démarches, s'empressèrent de décliner la proposition, en présence de l'insuccès certain d'une aventure aussi hasardeuse.

Forcément il allait abandonner ce dessein et se résigner au triste sort des autres captifs quand, le 12 novembre, promenant son ennui du côté des cantines, il se trouva tout à coup face à face avec un de ses anciens camarades, Naviaud, qui avait été incorporé à Rennes en même temps que lui, mais qui, lors de la transformation de leur régiment avec des batteries montées, en 1867, était passé au 9e d'artillerie.

Les deux amis s'embrassèrent avec effusion. Naviaud, au moment de la reddition de Metz, avait tenté de fuir du cloaque boueux où pataugeaient et se morfondaient les soldats ; mais bientôt capturé, il avait dû suivre un convoi de prisonniers internés à Wesel depuis quelques jours.

Durand, d'arrache-pied, lui fit part de son projet d'évasion et fut tout heureux de voir son camarade se décider immédiatement à courir les chances de l'entreprise, quelque folle qu'elle pût être.

Et, sans perdre une minute, ils s'ingénièrent l'un et l'autre à chercher un déguisement civil. Leurs manteaux furent échangés contre des paletots que certains prisonniers avaient grossièrement fabriqués d'une couverte de campement. Un autre troc les mit en possession de deux gilets de couleur noire et grise. Ils firent perdre à leurs pantalons la marque militaire la plus apparente en retirant les bandes rouges extérieures et en noircissant d'encre le liseré du milieu. Pour la coiffure, ce fut plus difficile : mais Durand, furetant de tous côtés, n'eut aucun scrupule de s'emparer chez un cantinier d'une casquette graisseuse et d'un vieux chapeau de feutre noir, qu'il découvrit au fond d'une hotte remplie de loques et de chiffons.

Le tout constituait pour chacun un habillement bizarre, qui ne s'ajustait guère à la taille. Ils s'en montrèrent satisfaits néanmoins et décidèrent aussitôt de quitter le camp le 14 novembre, à neuf heures du soir. Le moment leur parut propice : les cantines fermaient leurs portes à cette heure-là, et les factionnaires, occupés à faire évacuer ces établissements, exerçaient une surveillance nécessairement moins active sur la ligne de démarcation que les prisonniers ne pouvaient franchir sans risquer de recevoir un coup de fusil.

Dès la tombée de la nuit, ils s'accoutrèrent à la hâte, dans un coin obscur de leur baraque, des vêtements disparates qui les devaient dérober aux regards investigateurs des gardiens. Naviaud se coiffa de la casquette et Durand du chapeau, dont le rebord à moitié disparu formait visière et descendait sur les yeux. Le bas du pantalon dans les bottes, une ceinture de flanelle rouge autour du cou, une pipe de porcelaine à la bouche, la barbe longue et embroussaillée, l'un et l'autre ressemblaient ainsi à des rôdeurs de grand chemin, plutôt qu'à des soldats en rupture de consigne.

Puis, un temps affreux les favorisait : des tourbillons de neige s'abattaient sur le camp et s'engouffraient dans les baraquements; le vent se déchaînait en tempête, menaçant d'emporter tout ce qui couvrait l'île, et sous les coups de la bourrasque, les flots du Rhin clapotaient violemment le long des rives.

Durand, qui dirigeait l'équipée, n'avait, je l'ai dit, aucune connaissance de la contrée. Mais il possédait, comme la plupart des habitants du pays chartrain, quelques notions cosmographiques qu'il comptait utiliser pour s'orienter, et la position dans le ciel de la Petite et de la Grande Ourse devait lui permettre, pensait-il, de se guider sûrement vers la Hollande, dont la frontière semblait peu éloignée. Naviaud, à l'esprit moins inventif, s'en rapportait à son camarade et avait en lui la plus entière confiance. Aussi bien, les deux amis, en songeant aux obstacles de tout genre qu'il leur faudrait surmonter, jurèrent-ils de ne pas se séparer, quoi qu'il arrivât, et de se défendre mutuellement jusqu'à la dernière extrémité.

L'heure approchait, et déjà les soldats allemands commençaient à chasser des cantines les prisonniers qui s'y réchauffaient, quand les fugitifs, aveuglés par la neige et se tenant par la main, coururent à toutes jambes dans la direction du pont. La sentinelle de garde, le fusil sur l'épaule, l'arpentait de son pas automatique. Arrivée au bout du parcours, à quelques mètres du talus où les deux hommes en rampant s'étaient dissimulés, elle fit demi-tour, sans rien remarquer d'insolite, et de la même allure retourna vers le poste.

La rafale continuait de souffler, mais la neige ne tombait plus que d'une façon intermittente, et par éclaircies, on voyait les eaux verdâtres du fleuve s'agiter avec fracas contre les pontons.

Le moment était critique, et le cœur battait à tout rompre dans la poitrine des prisonniers. Durand, de sang-froid, avait médité un crime qui lui semblait de bonne guerre pour recouvrer la liberté, et qui, en somme, pouvait être considéré comme un acte de juste représaille contre le traitement ignominieux infligé aux soldats français. Mais sur le point de le commettre, il hésitait, en butte aux tergiversations de sa conscience. Tout à coup, les paroles menaçantes du général allemand sonnèrent à ses oreilles : l'appel, au camp, était alors terminé, la fuite des deux amis déjà constatée, et ils allaient être punis de mort, ou du moins, pour longtemps, emprisonnés dans un bagne infect....

L'exécution devenait nécessaire. Et quand la sentinelle, s'approchant de nouveau, eut cette fois fait volte-face, le sous-officier Durand, pareil à un fauve bondissant sur sa proie, se rua sur elle, l'étreignit d'une force nerveuse et la précipita dans le Rhin. Un train passait au même instant sur le viaduc opposé, et le bruit de la chute du corps se perdit dans le roulement sourd des vagons.

Le pont était libre. Les deux fugitifs le franchissent en un clin d'œil et dépassent bientôt, sans être vus, le fort de Blücher enseveli dans l'ombre et le poste où les soldats de faction fredonnent un *lied* du pays. Une route s'ouvrait devant eux, mais des patrouilles à cheval la sillonnaient à tout moment, et il eût été dangereux de la suivre. Aussi, Durand et Naviaud se jettent-ils prudemment dans les jardins et les champs qui la bordent, accélérant leur marche, autant que le permettent toutefois les haies et les clôtures qu'il leur faut escalader et l'épaisseur de la neige dans laquelle ils enfoncent à mi-jambes. La direction leur est inconnue, et ils sont tout étonnés, deux heures après avoir quitté le camp, de se trouver près des fortifications de Wesel. La gare est proche, et ils la voient pleine d'animation, encombrée d'officiers et de soldats. Le lieu où le hasard les a conduits n'est donc pour eux rien moins que sûr. Mais un passage à niveau leur donne accès dans la campagne, et sur le premier chemin qui les éloigne de la ville, ils reprennent aussitôt leur course fantastique, ne s'arrêtant, essoufflés et harassés, qu'après avoir franchi en trois heures une vingtaine de kilomètres.

V

VERS LA HOLLANDE

Cependant Durand n'est pas sans inquiétude. Aucune étoile ne brille, et il ne parvient pas à s'orienter sur cette route qui lui paraît desservir en amont le littoral rhénan et ne point aboutir à une frontière neutre. Il se décide donc — Naviaud l'approuvant toujours — à changer diamétralement de direction, plus certain de la sorte d'aller vers le nord ou vers l'ouest. Mais la voie que suivent maintenant les deux amis devient de plus en plus impraticable et les conduit à une forêt de pins, dans les profondeurs de laquelle, sous la couche de neige qui couvre le sol, ils se perdent tout à coup. Et les voilà, errant dans ce bois noir, où le vent siffle à travers les arbres et fait craquer sinistrement les branches mortes... Soudain, près d'eux, retentit un hurlement effroyable, qui les secoue d'un frisson de terreur, et qui provoque de différents côtés, dans le lointain, d'autres cris semblables, aigus et prolongés. A n'en pas douter, ils vont être assaillis par des loups, que la faim pousse à l'attaque de l'homme, et contre lesquels ils n'ont rien pour se défendre. Durand et Naviaud ne se seraient-ils échappés des mains de l'ennemi que pour tomber sous la dent de ces redoutables carnassiers? Une seule ressource leur est offerte, et malgré l'engourdissement de leurs membres, raidis par la marche et plus encore par le froid, ils grimpent précipitamment le long d'un arbre et s'y assujettissent sur une forte branche. Il était temps, car à peine sont-ils hors d'atteinte que plusieurs loups, dont les yeux brillent comme des escarboucles, les flairent et les guettent au pied du tronc. Les deux hommes ont beau crier et jeter à terre des morceaux de bois sec : ce n'est qu'au grand jour que s'éloignent et disparaissent leurs terribles agresseurs.

Descendus de leur perchoir, les jambes ankylosées, les fugitifs ne peuvent que difficilement se remettre en marche. Ils ont hâte pourtant de retrouver la plaine; mais ils s'égarent vingt fois dans l'entrecroisement des chemins et des sentiers, et la journée est avancée déjà quand ils atteignent enfin la lisière de cette inextricable forêt.

Leur estomac, depuis la veille, est loin d'être satisfait, et Durand s'enhardit, à la brune, à utiliser le peu d'allemand qu'il possède pour demander du pain dans une maison isolée. Une jeune fille, qui les prend pour des ouvriers étrangers, leur en donne volontiers un gros morceau que, tout heureux, ils vont manger plus loin, dans un bâtiment en ruines où ils passent la nuit.

Le lendemain, 16 novembre, après avoir marché toute la journée sans orientation, à travers champs et prairies, les deux amis, dans la soirée, s'aperçoivent avec stupéfaction qu'ils reviennent sur Wesel, dont la cathédrale leur apparaît au loin. Il leur faut pourtant quitter au plus tôt ces parages, qui ne leur offrent aucune sécurité; — et profitant d'un froid moins vif et de la clarté du ciel, ils cheminent une partie de la nuit, dans la neige fondante, trouvant enfin refuge dans une grange aux portes closes, où ils pénètrent par une lucarne et où ils tombent épuisés sur la paille.

Personne, heureusement, ne vient troubler là le repos dont ils ont si grand besoin, et ce n'est que vers la fin du jour qu'ils se hasardent à sortir et à reprendre le cours de leur aventureux voyage. Comme la veille, ils contournent les villages, s'écartent des voies fréquentées et franchissent les haies et les fossés pour éviter des rencontres fâcheuses. La nuit venue, ils abordent cependant un hameau et, poussés par la faim, s'introduisent brusquement dans une habitation où, par la porte mal fermée, ils voient briller un filet de lumière. La maison est vide, et ils en profitent pour explorer la huche et les placards. Mais tout à coup, derrière eux, arrive du dehors la maîtresse du logis, une grosse femme rougeaude et joufflue qui les prend pour des voleurs de profession et se met à jeter de hauts cris. Prompt comme l'éclair, Naviaud saisit un torchon accroché au mur, se précipite sur elle et la bâillonne fortement pour étouffer sa voix. Et Durand ayant fait main basse sur quelques vivres — du pain, du jambon fumé et une bouteille à demi pleine d'eau-de-vie, — les deux fugitifs déguerpissent au plus vite.

Il n'est que temps, car à peine se sont-ils dissimulés derrière un buisson voisin que l'alarme est donnée dans le hameau : une clochette tinte d'un bout à l'autre de la rue, des portes s'ouvrent avec bruit, des appels retentissent et se répercutent de maison en maison, comme si le feu était aux quatre coins du village. Ce branle-bas général, que leur larcin, aggravé d'un acte de violence, a sûrement provoqué, fait reprendre vigueur aux évadés, qui fuient au pas de course et se perdent bientôt dans l'obscurité. La crainte d'être poursuivis les pousse en avant, sans qu'ils songent au moindre repos; toute la nuit, ils marchent, ils courent, ils escaladent maints obstacles, et c'est à l'aube naissante seulement que, pantelants, les vêtements déchirés, ils mettent fin à cette dure étape, en s'installant dans une hutte déserte, adossée à la lisière d'un bois.

On devine avec quelle insatiabilité Durand et Naviaud mangèrent alors le pain et le jambon que les exigences de la faim les avaient mis dans l'obligation de dérober. Le déjeuner, arrosé de quelques gouttes d'eau-de-vie, fut suivi d'une longue sieste : étendus par terre, les deux amis, un peu réconfortés, s'endorment bientôt d'un lourd sommeil, et ce n'est que tard, dans l'après-midi, qu'ils sont éveillés par le passage d'un troupeau de moutons.

Mais il fait jour encore, et ils attendent la brune pour quitter la cabane où ils se sont tapis.

C'est avec plus d'assurance d'ailleurs qu'ils se remettent en marche. Ils suivent la route maintenant, redoutant moins d'être soupçonnés et inquiétés. Puis l'étoile polaire les guide, et en obliquant à gauche, Durand estime que, depuis Wesel, ils ont parcouru une distance suffisante pour n'être pas éloignés à ce moment de la frontière hollandaise. Sa conviction se fortifie même lorsqu'ils arrivent au petit jour sur le bord d'une rivière où le chemin aboutit, sans qu'un pont lui fasse suite. Peut-être, sur l'autre rive, où ils aperçoivent une lumière pâle et entendent broyer le chanvre dans une maison d'écangueurs, se trouveraient-ils hors des États prussiens! Mais comment y parvenir? La rivière est large, le courant est rapide, et le froid ne permet pas de le traverser à la nage.

Très perplexes, les deux hommes allaient et venaient le long du cours d'eau, quand, sous un arbre, ils découvrent une petite cloche montée sur un châssis. L'idée leur vint qu'elle était placée là pour héler un batelier et qu'elle leur offrait le moyen de passer. Ils ne s'étaient pas trompés, car à peine l'ont-ils agitée violemment que, de l'autre bord, une voix se fait entendre et répond à cet appel.

Vingt minutes plus tard, après avoir ramé vigoureusement contre le courant qui entraînait sa barque à la dérive, un homme d'une cinquantaine d'années touchait la berge en maugréant. Sans répondre à son patois allemand qu'ils ne comprennent pas, les deux évadés sautent dans le bateau et font signe au passeur, qui s'exécute d'un air mécontent, de les conduire du côté opposé.

Arrivés là, Durand, frappant le sol du pied, demanda s'ils étaient en cet endroit sur la terre de Hollande. Le batelier, trompé par la consonance germanique des deux mots, se crut questionné sur les uhlans. — « *Uhlanen?* dit-il, *nach Paris!* » — Cette réponse, qui rappelait aux fugitifs que Paris, en effet, était investi et que, depuis plus de deux mois, les cavaliers allemands en exploraient les alentours, les blessa dans leur amour patriotique, mais les excita plus que jamais à affronter tous les périls pour reprendre place parmi les combattants de la défense nationale.

Interrogé de nouveau, à plusieurs reprises, le passeur cependant finit par saisir le sens de la question, et montrant du doigt la rive qu'on venait de quitter : « *Holland?* s'écria-t-il, *dadurch!* — C'est par là! »

Durand, furieux de la méprise, eut l'idée un moment de s'emparer de la barque et de descendre le cours d'eau, qui devait sûrement, d'après lui, se jeter dans le Rhin. Mais il réfléchit que cet acte de violence, sur terre allemande, pouvait avoir de fâcheuses conséquences, et il se contint.

Depuis leur évasion du camp de Wesel, les deux amis, à leur insu, avaient voyagé beaucoup plus à l'ouest qu'au nord, passant aux environs de Xanten et de Goch, et ils étaient arrivés ainsi sur les bords de la Niers, près de l'endroit où cette rivière cesse de couler dans la province rhénane pour déboucher dans la Meuse. S'ils avaient suivi la rive droite, où ils se trouvaient, ils en eussent atteint bientôt le confluent, puis la petite ville de Gennep, dans le Limbourg, que leur désignait le batelier à quelques kilomètres en aval, sur le territoire des Pays-Bas.

Il leur fallait maintenant retraverser la Niers ou se diriger vers la Meuse. Mais l'Allemand, brave homme du reste, qui voit leur embarras, les emmène chez lui, où dans une grande pièce pourvue d'une haute cheminée, sa femme et ses deux filles les accueillent avec une bienveillante hospitalité. L'une dépose dans l'âtre un fagot de menu bois, qui bientôt jette une flamme pétillante et gaie; les autres apportent sur la table un énorme pain noir, un morceau de salé et un pot de bière.

Durand et Naviaud, qui ont froid et faim, apprécient vivement ces préparatifs et ne se font pas prier pour répondre à l'invitation de leurs hôtes. Mais pendant qu'ils se réchauffent et se réconfortent dans cette maison d'honnêtes gens, le 19 novembre, à sept heures du matin, un petit homme difforme, vêtu d'un pantalon bleu orné d'un liseré rouge sur le côté, d'une tunique à parements de même couleur et coiffé d'un bonnet de police, entre brusquement et les regarde avec persistance.

Puis il engage avec les maîtres du logis une conversation animée, qui vise à n'en pas douter les deux fugitifs, car le mot *Franzosen* revient à toute réplique sur les lèvres des interlocuteurs. Le nouveau venu pourtant a beau s'emporter et gesticuler d'une façon grotesque : il ne semble pas obtenir gain de cause, et il quitte précipitamment la maison pour chercher main forte ailleurs.

Durand, qui tout de suite a flairé un policier en cet agent tors et bossu, fait part de ses craintes à Naviaud et ne croit pas prudent de rester une minute de plus sous le toit qui les abrite. Aussi, après avoir manifesté au batelier et à sa famille les marques de la plus sincère reconnaissance, se hâtent-ils de sortir et d'explorer l'horizon. A gauche, sur une route bordée de gros peupliers, ils voient disparaître au loin, dans la direction d'un village important, l'homme à l'uniforme qui, de toute la vitesse de ses petites jambes, va certainement dénoncer leur présence à l'autorité publique. A droite, c'est la rivière, le long de laquelle ils se mettent à courir, avec l'espoir de la pouvoir franchir en quelque endroit propice. Leur prévision n'est pas déçue : à quelque distance, le hasard les favorise par la découverte d'un bac qu'ils vont utiliser. Modérant leur allure afin de ne pas se faire remarquer, la pipe à la bouche pour se donner une contenance, car ils sont privés de tabac, les deux amis peuvent facilement, sans attirer l'attention, se mêler au groupe des passagers qui attendent le retour du bateau et qui semblent pressés. Ils ont soin, bien entendu, de prendre place à l'avant, afin d'être les premiers débarqués.

Cependant, dénués de tout argent, leur embarras est grand lorsqu'il s'agit de s'acquitter du droit de passage. Durand, d'esprit prompt et inventif, sauve la situation par un stratagème qui réussit : arrachant brusquement de son pantalon un bouton jaune dont il ne laisse briller que le bord entre deux doigts, il le présente comme une pièce d'or à l'employé chargé de la recette, et celui-ci, n'ayant pas la monnaie nécessaire, lui montre, à vingt mètres de la rive, un bureau de service où se fera le paiement. Mais, une fois à terre, les évadés, pendant l'amarrage du bac, s'éloignent d'un pas furtif sans que personne songe à les rappeler.

Un chemin montait en pente assez rapide vers un grand bois qui dominait le coteau. Durand et Naviaud s'y engagent en hâte, impatients d'atteindre la lisière de la forêt et de se cacher dans les fourrés, ne doutant pas qu'ils vont être impitoyablement traqués. De l'autre côté de la rivière, en effet, ils aperçoivent cinq cavaliers qui, accourus vers le bac à bride abattue, s'apprêtent à passer l'eau avec leur monture, et qui, sur le rapport du petit policier rageur, ont été sûrement lancés à leur poursuite.

Il était près de midi quand, dissimulés dans le branchage touffu d'un gigantesque sapin où ils n'ont pu grimper qu'avec difficulté, les deux fugitifs entendent le bois résonner d'une clameur formidable, de voix et de cris qui, d'une allée à l'autre, se croisent et se répondent. On ne peut s'y méprendre, une véritable chasse à l'homme est organisée avec le concours des habitants d'un village voisin, et bientôt, comme une avalanche, la meute passe non loin d'eux, hurlant à pleine gorge ses *Caput!* et ses vociférations.

Lorsque le bruit se perd dans les profondeurs des halliers, les amis respirent enfin et osent échanger leurs impressions. Mais ce n'est que fort longtemps après l'éloignement des limiers, à la nuit tombante, qu'ils se décident à quitter l'arbre libérateur qui les a si bien abrités.

Le ciel était d'une clarté magnifique, et Durand, d'une clairière d'où son œil explore la voûte étoilée, croit pouvoir s'orienter et prendre la direction du nord-ouest. Malgré la fatigue et la faim, on marche donc jusqu'au jour dans cette forêt sombre, qu'on ne laisse derrière soi, au matin, après avoir scruté l'horizon, que pour continuer sans répit à travers champs.

Un gros bourg, qui apparaît dans le lointain et auquel conduit une route proprette, pourrait être contourné. Espérant toutefois y recueillir un morceau de pain, les deux soldats s'en approchent et délibérément, comme des paysans revenant du marché, se hasardent à pénétrer dans la principale rue. Mais ils n'ont pas fait cent mètres qu'un gamin, puis deux, puis une dizaine, les escortent en criant à tue-tête : « Français, Français ! *Sie sind Franzosen !* » — On eût dit que leur détresse désignât leur nationalité : n'était-ce pas de France que soufflait alors le vent du malheur et de l'adversité? Pourtant, leur assurance apparente n'éveille aucune suspicion, et ils traversent le village sans avoir à répondre à d'embarrassantes questions, sans susciter non plus chez personne le moindre mouvement de pitié.

Sur le chemin qui se déroule devant eux à perte de vue, la course reprend ensuite, longue, désespérante, de plus en plus épuisante. Cependant, Durand a remarqué que les bornes kilométriques ont une forme différente, que les chiffres indicateurs y sont autrement peints, et cela lui donne à penser que la limite du territoire allemand a été dépassée.

Mais il est harassé, il n'avance plus qu'avec peine, et un faux pas l'ayant fait tomber à terre, c'est en vain, malgré l'aide de son camarade, exténué lui-même, qu'il tente de se remettre sur pied. Force leur est à tous deux de s'asseoir sur le talus d'un fossé et d'attendre là, livrés à de pénibles réflexions, qu'une âme charitable attirée de ce côté veuille bien compatir à leur sort.

A la tombée du jour, un colporteur qui passe les interpelle en effet avec bienveillance, mais dans un langage qu'ils ne saisissent pas. Ils lui répondent en français, cherchant à savoir où ils se trouvent, et leur surprise est grande de se voir compris et d'apprendre qu'ils sont en pays hollandais. En quelques mots, le marchand ambulant est mis au courant de leur situation de prisonniers de guerre, évadés de Wesel, et de l'accident qui les empêche d'aller plus loin. — « Prenez courage, leur dit-il en s'éloignant, on va vous prêter secours ! » — Et revenant bientôt, accompagné de deux personnes qui relèvent Durand, les fugitifs sont conduits dans une maison d'ouvriers située à peu de distance.

Des voisins, prévenus, y sont déjà réunis et s'empressent autour des prisonniers. Avec de la paille et des couvertures, on leur prépare un lit; on leur offre des pommes de terre, des choux, de la bière, et réconfortés, soulagés de se sentir hors de Prusse, rassurés par la physionomie ouverte des braves gens qui les hébergent, les deux camarades racontent volontiers leur histoire. Mais Durand souffre de sa chute; il a les pieds tellement gonflés qu'on ne peut lui retirer ses bottes qu'avec difficulté, et c'est par morceaux que ses chaussettes, qui avaient pénétré dans les chairs, lui sont enlevées. Aussi ne dort-il guère sous ce toit hospitalier, dans cet intérieur tranquille, bien que le sommeil et la fatigue l'accablent.

Le lendemain 21, de bonne heure, le colporteur les vient prendre pour les présenter à un habitant notable de la localité, désireux de les voir. Celui-ci, qui parle notre langue, les reçoit avec affabilité, leur fait servir une tasse de chocolat et écoute avec intérêt le récit de leur périlleuse évasion. — « Je ne suis pas Français, leur apprend-il; mais je suis marié avec une de vos compatriotes, et toutes mes sympathies vont à votre malheureux pays. »

Il leur donne ensuite d'utiles renseignements sur l'itinéraire qu'il leur faut suivre : le colporteur les conduira jusqu'à Nimègue, où il se rend; de là, en descendant par bateau le Waal — bras méridional du Rhin, — ils gagneront Rotterdam; le consul de France en cette ville avisera alors aux moyens de les rapatrier. Et, faisant des vœux pour le succès du voyage, le Hollandais remet à chacun deux florins.

Vers midi, après un déjeuner substantiel, les prisonniers quittent ce village ami, non sans remercier chaleureusement leurs bienfaiteurs, et guidés par le marchand ambulant, qui connaît les chemins les plus directs, ils partent pour Nimègue.

Durand, les pieds meurtris, ne peut aller qu'à une vitesse fort modérée, et les trois hommes n'ont fait qu'une étape assez courte quand ils s'arrêtent, le soir, dans une auberge isolée sur la grande route. La maîtresse du logis, en dépit des explications et de l'insistance du colporteur, ne paraît nullement disposée à recevoir chez elle des voyageurs d'aussi piteuse mine, qui ne sollicitent, pour y passer la nuit, qu'un peu de paille dans quelque coin. Leur tenue, il est vrai, n'inspire qu'une confiance médiocre, et ne laisse guère deviner en eux des patriotes français désireux de défendre à nouveau leur pays contre l'envahisseur.

Pendant ce colloque avec l'hôtesse, quatre agents en uniforme, de haute taille, le fusil en bandoulière, entrent en coup de vent dans la salle d'auberge, et l'un d'eux, s'adressant aux prisonniers, leur dit à brûle-pourpoint. « Vous êtes Français, n'est-ce pas ? » — Durand, qui croit à une provocation, ne cherche pas à dissimuler sa nationalité et répond crânement qu'il en est fier, qu'il revendique ce titre, et qu'il ne souffrira pas qu'on insulte devant lui aux malheurs de sa Patrie. Mais l'agent, au lieu de se fâcher de cette réplique virulente et d'une attitude qui peut lui paraître blessante, répond avec calme, en un langage correct : « Ne craignez rien ! Mes camarades et moi, nous sommes des douaniers au service de la Hollande. Si je vous ai interpellés brusquement tout à l'heure, c'est qu'ici la frontière prussienne est proche et que tantôt un confrère du pays voisin s'enquérait de deux fugitifs, qui se sont évadés de Wesel en tuant une sentinelle : vous êtes, à ne pas s'y méprendre, les prisonniers recherchés.... » — Et il ajouta : « Cette maison, où je loge, est ouverte à tous les passants. Venez dans ma chambre, plus sûre pour vous que la salle commune. Demain matin, je vous guiderai pour continuer votre voyage, car il vous faudra traverser encore une langue de territoire prussien. »

Bien que le douanier parût franc et sincère, Durand ne semblait pas absolument convaincu de ses bonnes dispositions. Il le suivit cependant avec son camarade Naviaud, et ses préventions se dissipèrent enfin quand l'agent leur offrit de partager son souper, une omelette au jambon et de la choucroute, arrosées de bière et même d'un verre de vin chaud. La confiance fut scellée plus étroitement encore, lorsqu'ils apprirent que la mère de leur hôte était Française.

Devant le feu clair qui flamboie dans la cheminée, les trois hommes, causant et fumant, prolongent la veillée et ne se décident que tardivement à prendre du repos. Mais à peine se sont-ils étendus sur des matelas, chaudement enveloppés de couvertures, que l'hôtesse frappe à la porte et invite les prisonniers à quitter immédiatement la maison : deux agents de police, déclare-t-elle, viennent de l'interroger sur les voyageurs étrangers qu'elle a reçus, et des recherches vont être faites dans l'auberge dès que le brigadier du poste, peu éloigné, aura donné des ordres....

Il était écrit vraiment que les évadés n'auraient aucun répit et ne seraient nulle part en sécurité. Cependant le douanier se refuse à les laisser partir, certain qu'une surveillance rigoureuse s'exerce aux alentours : si sa chambre est visitée, il tentera d'esquiver les investigations trop minutieuses.

Quand, une demi-heure plus tard, les policiers se présentent et se font ouvrir, Durand et Naviaud sont enfermés, en effet, celui-là dans un placard, l'autre dans un cabinet noir, et les agents, ne voyant que le locataire habituel de la pièce, se retirent aussitôt, en le priant d'excuser la sévérité de leur consigne, qui les contraint à explorer tous les coins de l'hôtel, de la cave au grenier.

Après cette alerte, on ne songe guère à dormir. La nuit est avancée, d'ailleurs, et il ne faut pas attendre au grand jour pour quitter l'auberge. Un temps pluvieux favorise le départ. On retrouve, au rez-de-chaussée, le colporteur qui, connu dans la région, n'avait point été inquiété, et le petit groupe, conduit par le douanier, disparaît, silencieux, dans les ténèbres.

Pour abréger la route, on laisse à gauche le village de Mook, où, le 14 avril 1574, dans une bataille contre les Espagnols, tombèrent Louis et Henri de Nassau, et marchant en ligne droite vers Nimègue, on chemine pendant quelques kilomètres en terre allemande. Mais bientôt, la frontière est atteinte; on respire de nouveau, plus librement, sur le sol des Pays-Bas, — et le guide complaisant, qui maintenant ne redoute pour eux aucune embûche, se sépare de ses hôtes de la nuit en leur montrant la voie qu'ils doivent suivre et en leur serrant fraternellement les mains.

VI

DE NIMÈGUE A GAND

Le jour s'était levé, et bien que le temps restât gris, il semblait aux fugitifs voir à tout moment, dans un mirage de plus en plus attirant, se dresser à travers la brume, sur les bords du Rhin, la ville où, pensaient-ils, allaient disparaître les périls du voyage. Ce n'est que le soir cependant, vers six heures, qu'ils se trouvent devant le pont mobile qui donne accès dans Nimègue. Introduits par le colporteur dans une hôtellerie de médiocre apparence d'une rue sombre et peu fréquentée, ils y sont hébergés sans méfiance, et après s'être rassasiés, le pain faisant défaut, de pommes de terre et de choux, ils ont la curiosité de visiter sommairement au moins la cité où fut signé, dans la grande salle de l'Hôtel de Ville, le traité du 10 août 1678, entre l'Espagne, la France et la Hollande. A l'extrémité orientale, ils remarquent le *Belvédère*, d'où l'œil embrasse un magnifique panorama, qu'à cette heure pourtant l'obscurité ne leur permet pas de contempler. Près de là, couronnant une hauteur plantée d'arbres et disposée en jardins anglais, ils aperçoivent les vénérables débris qui, sous le nom de *Valkenhof*, subsistent encore du palais édifié par Charlemagne et qui souvent après lui fut la résidence des Empereurs. Au pied du Hœndenberg, ils voient les eaux du Waal baigner les maisons basses de la ville, élevée sur la rive gauche de ce bras du Rhin, — et rentrés à l'auberge, ils se félicitent de pouvoir enfin goûter là un repos exempt de toute préoccupation.

Le lendemain matin, 23 novembre, Durand et Naviaud prennent congé de leur obligeant *cicerone*, en vidant à sa santé un petit verre de genièvre, et s'embarquent sur le bateau en partance pour Rotterdam : il leur reste à chacun un florin, et c'est justement ce que coûte le voyage.

Maintenant qu'ils savent où aller, qu'ils n'ont plus au hasard à battre les chemins et les sentiers, il semble que leur expédition doive se poursuivre sans aventure nouvelle. La sirène a sifflé, ils se rapprochent de France, et, installés sur le pont du bateau, ils notent au passage les villes où l'on fait arrêt : Tiel, sur la rive droite du Waal; Bommel, sur la rive gauche; Gorkum ou Gorinchem, au confluent de la Linge, et de l'autre côté, comme Bude en face de Pesth, Woudrichem, au confluent de la Meuse. Puis, sur la branche septentrionale de cette rivière qui, réunie au Waal, porte en cet endroit le nom de Merwede, c'est Dordrecht, l'une des plus anciennes villes de la Hollande, bâtie au milieu d'un carrefour de fleuves, détachée du continent en 1421 par une inondation épouvantable, et dont le port, vaste et sûr, est accessible aux plus grands navires.

Mais ici la quiétude des deux amis, de bien courte durée,

est brusquement troublée par la visite d'un commissaire qui, en chapeau haut de forme, les toise du regard, examine leur accoutrement, et, voyant qu'ils n'entendent pas son langage, les invite par gestes à montrer des papiers d'identité. Durand tire de sa poche un vieux journal et le présente au fonctionnaire, qui fronce les sourcils devant cette irrévérencieuse facétie et, d'un signe de commandement auquel on ne peut se méprendre, enjoint aux évadés de quitter immédiatement le bateau. Sur le quai d'ailleurs quatre agents les appréhendent et les conduisent au poste, où ils sont mis au secret.

A quoi attribuer ce revirement subit de la bonne fortune qui les avait sauvés des périls courus en terre allemande, et qui, depuis le matin, en pays neutre, les ramenait joyeux vers leur Patrie? Durand a beau se torturer l'esprit : il ne devine pas quelle peut être la cause de cette arrestation imprévue. Il comprend cependant que Naviaud et lui sont recherchés en vertu d'un ordre de police quand le magistrat, une heure plus tard, le fait comparaître à son bureau et le regarde des pieds à la tête, en consultant un signalement placé sous ses yeux et en prenant note, d'un air parfois douteux, du résultat de son examen. Mais ce commissaire ne parle pas français, et Durand est ramené à sa cellule sans savoir quelle accusation pèse sur sa tête.

Le mot de l'énigme lui est dévoilé enfin par le procureur du roi, devant lequel il est ensuite appelé et qui, celui-là, possède assez couramment notre langue. Aux questions qu'il lui pose, le prisonnier n'hésite pas à répondre en toute franchise : il dit ce qu'il est, d'où il vient, et raconte son histoire en exhibant comme preuves quelques papiers qui portent son nom, notamment une commission de vaguemestre et plusieurs lettres cachées sous la doublure de son vêtement.

Le procureur, manifestement convaincu, ne juge pas utile de poursuivre plus loin l'interrogatoire. Il fait venir Naviaud et déclare aux deux amis que, arrêtés sous l'inculpation d'un assassinat commis la nuit précédente, par des individus d'une ressemblance à peu près identique, leur innocence lui est démontrée de la façon la plus catégorique. — « Mais je ne puis pourtant, ajoute-t-il, vous remettre en liberté : c'est à l'autorité militaire de décider de votre cas. »

Bien que n'étant pas encore absolument rassurés sur le sort qui les attend, les fugitifs se sentent la poitrine moins oppressée, et conduits cette fois au corps de garde, ils y mangent de grand appétit le souper que leur apportent les agents chargés de la surveillance.

Le bruit de l'arrestation de deux soldats français, évadés de Wesel, s'était répandu en ville et le fait y constituait presque un événement. Dans la soirée, un certain nombre de personnes viennent au poste témoigner de l'intérêt aux prisonniers, notamment le vice-consul de France et le maire de Dordrecht, M. Masion, qui leur envoient l'un et l'autre des vivres, des effets, des cigares, et font mettre pour la nuit un matelas à leur disposition.

Le lendemain, les visites continuent, et, pour la vingtième fois, Durand doit conter les péripéties de son expédition, faire le récit des batailles livrées autour de Metz, décrire les phases lamentables du siège. Un commerçant charitable, affligé de la tenue misérable des deux hommes, leur offre des vêtements, un veston écossais, un pantalon à carreaux, un chapeau de feutre mou, qu'ils endossent avec plaisir et qui, de vagabonds à la mine calabraise, leur donnent la physionomie placide de touristes anglais.

Mais l'arrivée du procureur les jette dans la consternation : il leur annonce, en effet, qu'ils vont être reconduits à la frontière et remis aux mains de l'autorité prussienne. Durand se révolte à cette nouvelle et ne peut croire que l'hospitalité hollandaise se traduise par leur renvoi devant un peloton d'exécution : car c'est la condamnation fatale qui les guette, et mieux vaut pour eux subir sur place la rigueur de ce sort que d'être fusillés dans les fossés du camp de Wesel.

Il plaide sa cause enfin avec tant de chaleur et d'émotion que le magistrat, ébranlé, et vivement sollicité par quelques fonctionnaires qui l'ont accompagné, consent, comme suprême ressource, à en appeler de la question au Gouvernement lui-même.

Pendant quatre jours, anxieux de la réponse qui interviendra, les prisonniers se morfondent au corps de garde, bien qu'ils y soient entourés d'égards et que la générosité des habitants de la ville ne leur fasse pas défaut.

Le 28 novembre, dans la matinée, le maire vient heureusement mettre fin à leur attente soucieuse. — « Voici le bulletin de votre délivrance, dit-il, en agitant un papier de la main : le ministre de la guerre a donné satisfaction à notre requête et décidé que la liberté vous serait rendue, à la condition que vous quittiez dans les vingt-quatre heures le territoire des Pays-Bas. »

Le soir même, dans une réunion privée, M. Masion faisait une collecte en faveur des deux prisonniers français, et le lendemain matin, au moment de leur départ pour Anvers, il remettait à chacun vingt-cinq florins. De son côté, le vice-consul les munissait d'une lettre de recommandation pour son collègue résidant en cette ville.

Le bateau maintenant les emporte vers la Belgique, à travers tous les bras de la Meuse et de l'Escaut, et tour à tour défilent sous leurs yeux : le Biesboch, ce lac marécageux qui seul, aujourd'hui, perpétue le souvenir lamentable d'une des plus terribles inondations qui aient désolé la Hollande, celle du 19 novembre 1421, où la digue se brisa sous l'effort des eaux accumulées par une violente tempête, et où soixante-douze villages et plus de cent mille personnes furent ensevelis sous les flots; — le Hollandsch Diep, ce canal formé par la Meuse inférieure, qui sépare les provinces de Sud-Hollande et de Nord-Brabant, et que franchit, sur une largeur de 2 540 mètres, le chemin de fer de Dordrecht à Bréda, au fameux viaduc de Mœrdyk, l'un des plus longs du monde, dont la construction ne devait être achevée que quelques mois plus tard, en 1871; — puis les côtes des grandes îles éparses dans le delta du Rhin, de la Meuse et de l'Escaut, Overflakkee, Tholen, Beveland.

Aussitôt débarqués à Anvers, Durand et Naviaud se rendent au Consulat de France et présentent à l'un des secrétaires la lettre dont ils sont porteurs. Mais celui-ci, après l'avoir lue, ne paraît s'intéresser que médiocrement à la situation des deux prisonniers : il a hâte d'être délivré de leur importunité, et il les congédie sans un mot d'encouragement, sans un conseil utile, en donnant à chacun un secours de route de trois francs.

C'est suffisant, au moins, pour un déjeuner réconfortant, car le voyage par eau a fortement aiguisé leur appétit. Dans le restaurant modeste où ils sont entrés, la note du repas cependant les étonne, et il faut leur expliquer que le chiffre en est justifié par la consommation anormale de pain-brioche qu'ils ont faite.

Napoléon Ier, qui voulait qu'Anvers devînt la rivale de Londres et, comme il le disait, « un pistolet chargé au cœur de l'Angleterre », a doté la ville de docks et de quais superbes, qui présentent un développement de près de deux mille mètres. Les évadés s'y mêlent aux curieux attirés par l'animation du port. Ils s'aventurent ensuite dans les rues principales et, de l'une à l'autre, parviennent à la Place Verte, où se dresse la statue colossale en bronze de Rubens, et sur laquelle donne la cathédrale Notre-Dame, dont l'une des tours, de 123 mètres, est le plus haut édifice de Belgique. Durand, qui a vu quelque part une reproduction du tableau d'Horace Vernet, que possède le musée de Versailles, fait profiter Naviaud de son érudition en lui rappelant le siège de 1832, où pendant vingt-quatre jours, du 29 novembre au 23 décembre, les Hollandais, ici même, résistèrent à l'assaut de nos troupes, commandées par le maréchal Gérard. Mais il ignore que l'ancienne citadelle, construite jadis par le duc d'Albe, en 1567, et écrasée sous vingt mille bombes lors de notre expédition, est entièrement détruite, — et c'est en vain qu'il cherche à la découvrir parmi les monuments de la cité.

Vers quatre heures, les deux amis sont à la gare et prennent le premier train pour Bruxelles, où ils arrivent quand déjà la nuit est venue. Impatients d'atteindre la frontière de

France, ils ne s'attardent pas ici en curieux, — bien que sur la place de l'Hôtel de Ville, autour du grand palais municipal, l'animation urbaine sollicite un moment leur attention, — et ils se rendent prestement de la gare du Nord à celle du Midi. Mais l'indicateur qu'ils consultent n'annonce un départ pour Lille qu'à neuf heures et demie, et le temps qui reste leur permet, dans une gargote voisine où ils échangent leur argent hollandais contre de la monnaie belge, de souper d'une croustillante grillade de bœuf, largement arrosée de bière.

Leur joie est grande de penser qu'avant minuit ils fouleront enfin le sol de la Patrie et pourront, dès le lendemain, se joindre de nouveau à ceux qui la défendent. Tout péril cependant n'était point écarté pour eux : une dernière aventure allait, une fois encore, les priver de la liberté et compromettre gravement le succès de leur entreprise.

Deux gendarmes les interpellent en effet, quand ils les voient au guichet du chemin de fer demander des billets pour la France, et se montrent fort incrédules à la réponse de Durand, qui déclare que son camarade et lui, ouvriers jardiniers maintenant inoccupés, vont passer l'hiver dans leurs foyers. — « Vous êtes plutôt des soldats français échappés de Metz, repartit un des agents de l'autorité : nous sommes habitués à vous reconnaître sous les déguisements les plus divers. Suivez-nous à la place ; il vous sera délivré un sauf-conduit qui vous permettra de gagner la frontière sans être inquiétés. »

Mais à la caserne, où ils se rendent sans méfiance, on leur fait subir un interrogatoire injustifié, et comme ils se refusent à fournir le moindre renseignement sur leur identité, on les arrête, on leur enlève tout ce qu'ils portent, argent, tabac,

BRUXELLES : PLACE DE L'HOTEL-DE-VILLE

couteau, et séparément on les met en cellule, leur appliquant le traitement des criminels et des voleurs.

Durand était furieux. Il ne soupçonnait guère qu'il pût être incarcéré dans ce pays voisin, où tout le monde parle français. La colère l'oppressait à ce point que de la nuit il ne put fermer l'œil. Puis, il se reprochait amèrement de n'avoir pas prévu ce contretemps fâcheux : il était si facile de contourner Bruxelles et d'aller reprendre le train à une gare isolée.

Dès la pointe du jour, retrouvant dans ses poches un cigare et des allumettes soustraits aux investigations des agents, il se met à fumer. Mais bientôt du couloir, par l'ouverture pratiquée dans la porte, une voix de gardien se fait entendre, qui rappelle le prisonnier à l'observation stricte du règlement.

Durand ne tient aucun compte de la défense et continue d'emplir de fumée son étroite cellule, longue à peine de deux mètres et demi et garnie seulement d'un lit scellé au mur, d'une petite table carrée et d'un tabouret en bois. De nouvelles injonctions le touchent d'autant moins qu'elles sont accompagnées à son adresse d'épithètes injurieuses. Elles n'ont pour succès que d'exciter sa fureur, et quand le gardien, voulant avoir le dernier mot, ouvre la porte et cherche à pénétrer dans la cellule, le captif se fait une arme de sa sellette et la lui lance dans les jambes.

Cet acte de rébellion jette l'émoi dans la prison. A l'appel de leur camarade, d'autres gardiens accourent, le fusil à la main, et font résonner le couloir de leurs jurons et de leurs menaces. Mais la porte de la cellule, de largeur très réduite, ne peut donner passage qu'à un homme, et aucun ne paraît désireux d'en franchir le seuil le premier, car, à l'intérieur, Durand brandit son tabouret et manifeste l'intention de s'en servir et d'user de violence.

La scène ne saurait se prolonger sans devenir grotesque. Le prisonnier lui-même y met fin en revenant subitement au calme : il a réfléchi que cette attitude aggrave singulièrement son cas, et qu'il vaut mieux ne pas persister dans ses velléités de résistance.

Mais il a enfreint la règle, il s'est révolté un moment contre l'autorité des agents, il s'est opposé par une voie de fait à l'exécution de leurs ordres, — et on l'en punit d'une façon draconienne en l'enfermant dans un cachot humide, sorte d'*in pace* où la lumière pénètre à peine, et où, pendant quatre jours, il se morfond tristement sur la seule paillasse qui en constitue l'ameublement. S'il sollicite une explication du gardien qui lui apporte sa ration quotidienne, s'il le prie de lui faire connaître quelle doit être la durée de cette détention tyrannique, celui-ci répond, d'un air narquois, qu'on avisera quand le prisonnier qui, « là-dedans » au moins, ne s'insurgera pas, témoignera de meilleurs sentiments à l'égard des gens de service.

Le 3 décembre enfin, Durand est conduit devant un magistrat qui, après l'avoir entendu, reconnaît qu'on ne saurait plus longtemps le traiter comme un vulgaire malfaiteur, et décide que, vu sa qualité de soldat étranger, on va le remettre aux mains de l'autorité militaire.

VII

RENTRÉE EN FRANCE

Le jour même, dans une voiture cellulaire escortée par la gendarmerie, il était amené à la gare et dirigé sur Gand, où il devait être interné. Il allait retrouver là son ami Naviaud, avec d'autres Français pris sur le territoire belge à la suite des faits de guerre de la frontière.

C'est, en effet, dans la citadelle de Gand, construite de 1822 à 1830 — celle qu'en 1540 avait fait élever Charles-Quint, pour mettre un terme aux séditions flamandes, ayant été démolie dès 1577, — que le gouvernement du roi Léopold, observateur outré du principe de neutralité, détenait tous ceux des nôtres qui, après les capitulations de Sedan et de Metz, trompant la vigilance des Allemands, cherchaient par la Belgique à rejoindre les débris de l'armée française.

La distance de 50 kilomètres qui sépare Bruxelles de Gand avait été parcourue à une vitesse trop rapide pour que Durand, déjà hanté de l'idée d'une nouvelle évasion, pût sauter du train quand se relâchait la surveillance de ses gardiens. Arrivé à quatre heures, il était emmené aussitôt vers la citadelle, et de la « Venise du Nord », bâtie au confluent de la Lys et de l'Escaut, il n'eut que l'impression vague d'une ville entrecoupée de canaux, dotée d'un magnifique bassin, et partagée en îlots réunis par d'innombrables ponts.

Dans l'enceinte de la forteresse, les internés français étaient naturellement soumis à la loi militaire belge. Les gradés, séparés des soldats, occupaient des salles particulières, et les deux évadés de Wesel, le canonnier Naviaud et le maréchal des logis Durand, ne purent se voir qu'à de rares moments.

La chambrée où ce dernier prit place comprenait quatorze sous-officiers de différents corps de l'armée de Châlons. Après la capitulation de Sedan, quand les troupes françaises, le 7 septembre, avaient quitté la presqu'île d'Iges, cette boucle de la Meuse si tristement nommée le *Camp de la faim*, ils s'étaient échappés des mains de l'ennemi et égarés sur le territoire belge, où des soldats de ce pays les capturaient bientôt, errant sous la pluie et épuisés d'inanition.

Livrés dans la citadelle à l'inaction la plus complète, ils déploraient les malheurs de la France, avec l'idée que rien désormais ne pouvait empêcher la catastrophe finale et qu'il était inutile de tenter à recouvrer la liberté. Durand vit bien, dès son arrivée, qu'il ne devait compter sur aucun d'eux pour se soustraire aux ennuis d'une captivité d'autant plus pénible qu'on la subissait près de la frontière, à 52 kilomètres de Mouscron, la station douanière d'où l'on bifurque sur Lille. Il ne se dissimula pas non plus qu'il allait être difficile pour lui de sortir de là, car, le jour même de son incarcération, l'officier de service l'avait prévenu que, pour cause d'insubordination, l'ordre était donné de Bruxelles d'exercer à son égard une surveillance particulière. — « D'ailleurs, vous êtes bien ici, ajouta ce jeune lieutenant qui se révélait sous un abord sympathique. Pourquoi tenter de fuir? Ne sommes-nous pas vos amis? »

UN DRAGON EN 1870

Quoi qu'il en fût, Durand persista dans cette pensée que la Patrie avait besoin de tous ses enfants et que le devoir commandait d'aller vers elle. C'était l'unique sujet de ses conversations à la chambrée, et il éprouva le plus vif contentement lorsque trois nouveaux prisonniers, qui avaient grossi le contingent, les maréchaux des logis Carré et Gaulon, du 1er régiment du génie, et leur collègue Monneret, du 6e hussards, se montrèrent disposés à seconder ses efforts en vue d'une évasion.

Incorporés dans l'armée de Metz, ces sous-officiers, accueillis et cachés, au moment de la reddition, par de charitables et patriotes habitants, avaient pu échapper à la captivité. Ils n'étaient sortis de la ville qu'une quinzaine de jours après le départ pour l'Allemagne de toutes les troupes françaises; engagés comme conducteurs de bestiaux, ils avaient d'un lieu à l'autre parcouru le Luxembourg, guettant l'occasion propice qui leur permettrait de rentrer en France. Elle ne s'était point présentée, et, leur identité reconnue, ils venaient d'être arrêtés dans les environs de Bruxelles.

Soldats courageux et déterminés, ils s'ingénièrent dans le plus grand secret, de complicité avec Durand, à trouver le moyen de s'évader. Il fallait ouvrir des poternes et disposer, pour cela, des outils nécessaires. Mais il y avait dans la citadelle des forges et des caissons de maréchalerie, et il leur fut facile, dans ce parc qu'un factionnaire gardait distraitement, de s'emparer des objets dont ils avaient besoin, limes, ciseaux, tenailles et marteaux. Deux cordes à fourrage et des draps de lit complétaient le matériel indispensable.

La citadelle de Gand, du système bastionné de Vauban, avait une triple enceinte. Quatorze poternes donnaient accès dans les fortifications; au-dessus de chaque porte, à trois mètres du sol, un œil-de-bœuf livrait à la fois de l'air et de la lumière aux galeries souterraines. Des sentinelles allaient et venaient sur le rempart de la cour intérieure, où des patrouilles faisaient des rondes fréquentes.

Le 14 décembre, jour choisi pour mettre leur projet à exécution, les quatre prisonniers mangèrent la soupe comme d'habitude, à six heures du soir, placèrent dans leur lit, en guise de mannequin, des traversins auxquels l'obscurité semblait donner la forme vague d'un homme couché, et, munis des accessoires préparés pour la fuite, ils se cachèrent derrière les caissons du parc de maréchalerie, peu surveillé, comme nous l'avons dit. Dès que fut passée la première patrouille ils coururent en hâte vers la poterne la plus proche, dont un bec de gaz éclairait faiblement l'entrée, hermétiquement close d'ailleurs. Mais au-dessus de la porte, l'œil-de-bœuf était béant : Monneret, de taille mince et de corps fluet, commença l'escalade et montant sur les épaules d'un de ses camarades, parvint assez facilement à se hisser jusqu'à l'ouverture et à pénétrer dans l'intérieur de la galerie. Gaulon et Carré le suivirent en usant du même procédé. Durand restait; heureusement pour lui qu'un sous-officier de dragons, son ami Lecourbattu, mis dans le secret et dissimulé au milieu des caissons, vint lui faire la courte échelle. A son tour, il put donc passer, non sans efforts ni sans éraflures, sa forte carrure ne le favorisant guère en la circonstance. Il était temps, du reste, car on entendait s'approcher une nouvelle patrouille.

Les fugitifs, tous quatre maintenant dans la poterne, allument une bougie qu'ils ont emportée et se précipitent vers la sortie, dont ils ouvrent la porte en dévissant la serrure. Mais, de l'autre côté, est un pont mobile qui se trouve levé : il leur faut descendre dans le fossé, profond de trois à quatre mètres, puis remonter sur le chemin de ronde. Une fois là, rasant la muraille avec précaution pour échapper à la vue des sentinelles, dont la silhouette se projette par instants sur les remparts, ils cherchent un endroit franchissable et sont déçus tout à coup de rencontrer comme obstacle un mur de grande hauteur qui leur barre le passage. Monneret, le plus agile, enlevé par ses camarades, peut cependant en atteindre le faîte et s'y assujettir à califourchon. Les draps et les cordes à fourrage, attachés bout à bout et solidement tendus, sont ensuite utilisés : chacun, à tour de rôle, saisissant le cordage et s'arc-boutant des pieds contre le plan vertical, grimpe jusqu'au chaperon et, sans autre accident que des meurtrissures légères, se laisse tomber sur la contrescarpe. Ils ont à franchir encore le fossé extérieur, puis une demi-lune, avant d'arriver à la dernière clôture, faite de gros piquets terminés en pointe et plantés côte à côte. Mais rien ne les arrête, et cette barrière escaladée, ils sont enfin sur le glacis et devant eux s'étend la pleine campagne. Il était neuf heures à ce moment, et des coups de fusil résonnaient dans l'intérieur de la citadelle : on venait de constater sans doute la disparition des prisonniers, et l'alerte était donnée pour se mettre à leurs trousses.

Les évadés ne s'attardent pas d'ailleurs aux bruits d'armes que leur apporte l'écho : ils fuient à toutes jambes vers la route de Courtrai, qu'ils trouvent bientôt au sud-ouest sur les indications d'un garde de voie ferrée surveillant un passage à niveau. Craignant des rencontres fâcheuses et redoutant que des gendarmes ne soient à leur poursuite, ils se séparent et vont parallèlement à travers champs, à quelque distance les uns des autres. Mais la neige couvre le sol et la marche est si pénible qu'il leur faut décidément revenir au chemin, désert d'ailleurs par cette nuit glaciale. Jusqu'à six heures du matin, les quatre prisonniers s'entraînent dans une course ininterrompue et ne reprennent haleine qu'au petit village d'Arlebec, où un cabaretier leur ouvre son établissement et consent à leur servir une tasse de café au lait. Aussi bien, cet homme paraît affable; il aime à causer, et il raconte que la frontière est gardée par de nombreux soldats belges, qui empêchent les belligérants de pénétrer sur le territoire, que les ordres de police sont rigoureux, et que personne ne peut passer sans être arrêté et interrogé.

Ces renseignements rendent perplexes les évadés, qui con-

SOLDATS BELGES DE LA LIGNE

viennent de continuer le voyage par chemin de fer, sauf à descendre de vagon avant la frontière. Ils prennent donc, à la station voisine, un train venant de Gand et s'installent dans un compartiment de première classe, où ils pensent être moins exposés aux investigations des agents. A Courtrai, du reste, ils ont la chance de ne point être visités : les gendarmes chargés du service de l'inspection, éprouvant quelque difficulté à ouvrir la portière et ne voyant aucun voyageur derrière les vitres couvertes de givre, passent outre et se hâtent vers la voiture suivante. A Mouscron, les prisonniers sautent du vagon à contre-voie et profitent de l'intensité du brouillard pour gagner la plaine sans être remarqués, s'écartant peu de la ligne du chemin de fer, Monneret et Gaulon d'un côté, Durand et Carré de l'autre. Ceux-ci, rencontrés et interpellés par des douaniers belges, répondent que, venus à Mouscron pour des achats, ils se sont égarés dans la brume et, comme ils ne portent aucun objet de contrebande, on accepte de bonne foi leurs explications. Mais quand les agents ont disparu, les deux hommes s'éloignent en courant le long de la voie, et, vingt minutes plus tard, un poteau indicateur, dressé sur une petite élévation de terrain, leur apprend qu'ils sont en France. Déjà, d'ailleurs, leurs camarades sont là, qui les attendent.

Ces quatre soldats, vraiment Français, dans la joie de se sentir enfin en sécurité, tombent alors à genoux et s'embrassent en pleurant, jurant tous de continuer, tant que battra leur cœur, à défendre contre l'envahisseur le sol sacré de la Patrie.

Pendant cette scène émouvante, le brouillard s'est un peu dissipé et sur la grande route qui longe en contre-bas la ligne du chemin de fer, on aperçoit des gendarmes à cheval arrivant à bride abattue. Un brigadier, qui est à leur tête, ne paraît éprouver aucun mécontentement de voir que les évadés lui échappent. Il s'avance seul jusqu'à la frontière et leur dit gaiement : « Je suis heureux, mes amis, que vous soyez sur votre territoire, car j'avais ordre de vous arrêter et de vous ramener à Gand. » — Tous quatre le saluent d'un cri enthousiaste : « Vive la France ! »

Au village le plus proche, le maire accueille ces énergiques soldats avec la plus grande libéralité et leur fait prendre le premier train pour Lille, où ils descendent dans l'après-midi du 15 décembre, — un mois après l'évasion du camp de Wesel de Durand et de son camarade Naviaud.

Ce dernier, resté à la citadelle de Gand, n'eut pas le bonheur de revoir son pays : prêtant main-forte, une nuit de décembre, à plusieurs de ses compagnons de captivité, qui avaient démoli le mur de la casemate attenant à la première rangée de fortifications, et qui cherchaient à recouvrer la liberté, il fut tué par une sentinelle qui surprit cette tentative et tira sur les fugitifs.

A Lille, dès le soir de leur arrivée, les quatre sous-officiers évadés se rendirent à la place, où Carré et Gaulon retrouvèrent comme colonel un de leurs capitaines du 1er régiment du génie. Cet officier les reçut à bras ouverts, les félicita de leur crânerie et de leur esprit patriotique, et les envoya en subsistance à la caserne Saint-André. Huit jours après, l'un et l'autre étaient nommés sous-lieutenants au 85e régiment d'infanterie, dont le dépôt était en ce lieu.

Monneret fut, à la même caserne, avec d'autres cavaliers provenant de tous les régiments, incorporé dans un corps de dragons qui rendit d'utiles services à l'armée du Nord, où le général Faidherbe, on le sait, ne disposait que d'une cavalerie très insuffisante.

Quant à Durand, il dut aller à la caserne de la Madeleine, où se trouvaient les 2e et 3e batteries *ter* du 15e régiment d'artillerie, qui avaient été formées après les catastrophes de Sedan et de Metz. Versé à la 3e, il voulait sur-le-champ retourner au feu : mais le général commandant la place en

6

décida autrement. Toutes les recrues amenées là avaient besoin d'être exercées avant de se présenter devant l'ennemi, et Durand, fort en théorie, devint malgré lui leur instructeur.

Après l'armistice, il revit à Lille les camarades internés à Gand. Il apprit d'eux que l'évasion audacieuse des quatre soldats français, le 14 décembre, avait fait grand bruit à la citadelle, et que les officiers de service ce jour-là avaient été rigoureusement punis de leur défaut de surveillance.

*
* *

La paix signée, Durand demanda maintes fois à rejoindre son régiment, le 1er d'artillerie, qui était allé se reformer à Bourges, — Metz, hélas! le lieu de sa dernière garnison, étan devenue une ville allemande. Mais le 15e manquait de sous-officiers, et le colonel de ce régiment refusa toujours son départ.

Cette situation, malheureusement, ne le favorisa guère. Classé, comme il est d'usage en pareil cas, à la gauche du régiment, il vit son avancement pour longtemps ajourné. Des sous-officiers du 15e, qu'il primait par son ancienneté de grade, obtinrent la médaille militaire à leur rentrée de captivité, au mois de juin 1871, — et lui, deux fois porté pour cette récompense des braves au cours de la campagne de l'armée du Rhin, n'eut pas la joie de la pouvoir attacher sur sa poitrine.

Libéré du service militaire le 31 décembre 1872, Durand revint dans ses foyers et entra, l'année suivante, dans la gendarmerie d'Eure-et-Loir. Rayé des contrôles de cette arme en

1882, époque où, sur sa demande, une retraite proportionnelle lui fut accordée, il est aujourd'hui commissaire de police dans une ville de la banlieue de Paris.

C'est un des plus fidèles vétérans des Armées de Terre et de Mer, — et, comme au temps de sa vingt-cinquième année, son cœur bat du plus vif et du plus ardent patriotisme...

ARMÉES DE LA LOIRE ET DE L'EST

LA CAMPAGNE D'UN SERGENT-FOURRIER

I

DU VILLAGE A LA CASERNE

Le 10 septembre 1870, à neuf heures du matin, tirait au sort à Marines (Seine-et-Oise), avec ses camarades du canton, le conscrit Prosper Commandeur. Le même jour, à l'issue du Conseil de revision, le tambour de ville donnait lecture aux jeunes gens de la classe d'un ordre télégraphique, leur enjoignant de se rendre le 13 à Versailles.

C'est le cœur serré qu'à cette date Commandeur quitta son petit village de Neuilly, dans le Vexin français, car déjà son père, capitaine commandant la 7e compagnie du 2e bataillon des mobiles de Seine-et-Oise, manquait au foyer de la famille. Pourtant, plein d'ardeur patriotique et résolu d'accomplir son devoir sans défaillance, de défendre son pays avec virilité, il surmonta son émotion, fit à sa mère qui pleurait des adieux touchants, rassura son frère, sa sœur, ses amis présents, qui le voyaient avec appréhension appelé dans l'effroyable mêlée, et sauta prestement dans la voiture qui devait le mener jusqu'à la gare.

A Versailles, le sous-préfet de Pontoise, M. Vasserot, rassembla tous les conscrits de son arrondissement et les conduisit au bureau de recrutement, où chacun reçut sa feuille de route avec l'indication du corps qu'il lui fallait rejoindre. Commandeur était versé au 98e régiment de ligne, en garnison à Lyon.

Le départ n'ayant lieu que le jour suivant, le jeune soldat profita de ce délai pour aller à Paris prendre congé de son père, dont la compagnie était campée sur la place des Invalides. Celui-ci, désireux de le garder près de lui, voulut tenter dans ce but des démarches immédiates. Mais son fils l'en dissuada : le sort l'appelait ailleurs, il préférait suivre le cours du destin.

Le lendemain soir, après avoir touché à l'intendance sa solde de route, il partait de Versailles par la gare des Chantiers et roulait vers Chartres : la ligne du chemin de fer de Lyon était coupée, et un long détour devenait nécessaire pour arriver à destination.

A Chartres, les recrues passèrent la nuit dans une caserne de cavalerie et purent, au matin, visiter la ville. C'est là que Commandeur, esprit curieux et observateur, décidé à tirer parti de ses voyages et de sa campagne pour s'instruire davantage et étendre son horizon, eut l'idée d'examiner les lieux sur son passage, de se rendre compte des faits dont il

CATHÉDRALE DE CHARTRES

serait témoin, et de noter au jour le jour ses impressions. Il remarque ici, sur les ruines des fortifications transformées en boulevards, des gardes nationaux qu'on exerce au maniement des armes; il admire la cathédrale, chef-d'œuvre de l'art gothique, avec ses magnifiques clochers en forme de pyramides octogones, dont l'un, celui de gauche, est couvert de sculptures; il salue la statue en bronze du général Marceau, élevée, en 1851, sur la place des Épars, et il jette un coup d'œil étonné, en regagnant la caserne, aux vieilles maisons en bois de la ville basse. Au moment de repartir, il assiste au désarroi d'une cinquantaine de mobiles bretons qui, descendus de wagon pour acheter des vivres, ne se sont pas empressés d'accourir à l'appel du clairon, et qui restent déconfits sur le quai en voyant s'éloigner leur train.

La nuit est trop avancée lorsqu'on arrive au Mans pour chercher un refuge en ville, et les conscrits s'entassent pêle-mêle dans les salles d'attente de la gare. Mais ils se dégourdissent au jour en faisant un tour sur les bords de la Sarthe, sur la promenade des Jacobins, sans penser que cette cité tranquille, jadis fortifiée par les Romains, va résonner dans quatre mois du bruit formidable d'une bataille qui décidera définitivement pour nous de l'insuccès de la guerre.

A Tours, Commandeur tient à voir la salle — car l'événement avait occupé tous les esprits — où, peu de temps auparavant, s'était réunie la Haute-Cour pour juger le prince Bonaparte dans l'affaire Victor Noir. Il suit la grande rue Nationale, qui aboutit au pont de la Loire, un des plus beaux de l'Europe, et à l'extrémité de laquelle se dresse la statue en marbre de Descartes. Le *Cogito, ergo sum*, inscrit sur le

TOURS : VUE GÉNÉRALE

socle, ne lui dit rien : il ne le comprend pas. Mais devant les malheurs de la Patrie, plus que jamais il se sent Français : donc il existe.

Des autres villes où le train s'arrête quelques heures, il emporte de même une impression, un souvenir : à Bourges, ce sont les fonderies militaires; c'est la cathédrale gothique, d'une hardiesse et d'une richesse de détails admirables; c'est l'hôtel de Jacques Cœur, le célèbre « argentier » de Charles VII, aujourd'hui le palais de Justice; — à Moulins, c'est, dans la chapelle du lycée, ancien couvent de la Visitation, le tombeau élevé par sa veuve au duc Henri II de Montmorency, décapité à Toulouse à la suite de la révolte de Gaston d'Orléans; c'est la tour « La Mal-Coiffée », qui sert de prison, dernier reste du château des sires de Bourbon.

Arrivés enfin à Lyon par la gare de Perrache, Commandeur et quelques autres conscrits du même canton, Asseline, Dejouy, Legros, Bultel, etc., apprennent que le dépôt du 98e de ligne est caserné au fort de la Duchère. Ils traversent la ville jusqu'à Vaise et gravissent le sentier rocailleux qui conduit à la porte du fort. La sentinelle de garde, voyant approcher ces civils, croise aussitôt la baïonnette et leur crie : « Halte-là! Qui vive? » — Ils ne savent que répondre. Mais le chef de poste, un vieux sergent d'aspect grognard, les questionne en tordant sa moustache et leur dit d'un ton sec, après avoir pris connaissance de leur feuille d'incorporation : « Suivez-moi, par ici.... et plus vite que ça! Si vous bronchez, je vous fourre dedans.... » — Il veut les intimider sans doute, leur imposer immédiatement le respect du grade, et il y réussit, car chacun tremble et s'incline avec déférence devant ses galons. Sur la plate-forme, près des poudrières, sont dressées des tentes, et c'est dans l'une d'elles, qui peut abriter seize hommes, que, sans paille et sans couverture, serrés les uns contre les autres, les jeunes conscrits passent la nuit. Le prélude de la campagne n'avait

BOURGES : HOTEL JACQUES CŒUR

rien d'engageant : déjà pour eux, en effet, s'annonçaient les souffrances et les privations.

Dès le matin, aussitôt inscrits sur les contrôles, ils doivent faire la corvée de quartier, éplucher les pommes de terre, balayer les cours, la prison, la salle de police. Au déjeuner, dans la gamelle de soupe qui leur est donnée pour dix hommes, flottent des morceaux de viande assez peu appétissants; mais on n'a pas de cuillères, et pour puiser à tour de rôle à la ration commune, il faut recourir à l'obligeance du cantinier.

Quatre ou cinq jours après, habillés et armés, les conscrits vont matin et soir au champ de manœuvres. Commandeur, désigné comme chef de tente, est dispensé des corvées. Il peut quelquefois sortir, et il en profite pour satisfaire ses goûts de curiosité et d'observation. La grande ville de Lyon l'étonne par ses édifices remarquables, ses fabriques de soieries, ses nombreux ponts, presque tous de construction moderne, ses quais plantés d'arbres, qui se développent en ligne droite sur une longueur de six kilomètres, ses maisons d'architecture élégante et d'une surprenante élévation, ses places Bellecour et des Terreaux, avoisinées de superbes quartiers, ses faubourgs considérables de la Guillotière, la Croix-Rousse et Vaise. Des hauteurs de Fourvière, il aime à contempler le panorama splendide qui a pour fond le Mont-Blanc et les Alpes.

Mais l'ordre vient d'évacuer le fort de la Duchère pour aller à Romans, — et en passant à Valence, il peut voir hâtivement le pont suspendu sur le Rhône, la promenade du château des Fleurs, et la cathédrale, vaste et belle église de style roman-byzantin, qui renferme le sarcophage de Pie VI.

A Romans, sur la rive droite de l'Isère, ville entourée de vieilles fortifications, — où s'assemblèrent, on le sait, en septembre 1788, après les premières séances tenues à Vizille, les États de la province du Dauphiné, qui ne furent pas sans influence sur les débuts de la Révolution française, — les jeunes soldats vont camper sur les promenades, près du théâtre et de la poudrière, les casernes de la Presle et de Saint-Nicolas ne pouvant les recevoir. Ils sont vivement intéressés, sur la place, par un automate représentant un gendarme qui, d'heure en heure, d'un marteau fait résonner une cloche et marque

LYON : PLACE BELLECOUR

ainsi la durée du temps. Sur la rive gauche de la rivière, en face de Romans, avec lequel il communique par un pont de pierre, le Bourg-du-Péage les attire aussi par ses canneries, ses chapelleries et ses pâtes alimentaires.

Un matin, à l'exercice, le capitaine commandant le dépôt fait sortir des rangs certains conscrits, dont la bonne tenue lui a été signalée, les interroge sur le degré de leur instruction et prend note des renseignements qui lui sont fournis. Quelques jours plus tard, un chef de bataillon, présent à la manœuvre, assemble en cercle les hommes désignés par leur application au service, les passe en revue et leur pose lui-même différentes questions. Le lendemain était signée une promotion de 40 caporaux, et le lieutenant Chevallier, devant les soldats réunis par la sonnerie du rassemblement aux faisceaux, appelle ceux de sa compagnie et successivement les fait reconnaître. Commandeur a le plaisir de s'entendre nommer le deuxième, — et le soir même, indifférent aux facéties des vieux caporaux qui se moquent des *bleus*, il attache des galons jaunes sur les manches de sa veste.

Bientôt après, sous le commandement du capitaine Ripert, est formée une compagnie de 215 hommes, choisis parmi les mieux exercés. Commandeur en fait partie, avec plusieurs de ses camarades de Seine-et-Oise ; il est attaché à la 2e escouade, — et cette compagnie, définitivement équipée, attend au séminaire, où elle a été cantonnée, l'ordre de départ pour la campagne.

II

A BEAUNE-LA-ROLANDE ET A JURANVILLE

Cet ordre ne tarde pas : la compagnie est envoyée à Angoulême, — et elle passe à Saint-Étienne, la ville industrielle, où les eaux du Furens, qui font mouvoir nombre d'usines, sont renommées pour la trempe de l'acier; à Guéret, près de la Gartempe, où les soldats ne trouvent que difficilement des provisions de bouche; à Limoges, bâtie en amphithéâtre sur le penchant d'une colline, d'où se détache d'un point culminant un aqueduc romain long de trois kilomètres et où se voit la belle promenade du Champ-de-Juillet.

Dès son arrivée à Angoulême, qui s'élève à cent mètres au-dessus du niveau de la plaine et domine toute la contrée environnante, la compagnie est dirigée sur le camp de Soyau, où a lieu la formation du 44e régiment de marche, d'un effectif de 3 600 hommes, répartis en trois bataillons de chacun six compagnies. Le colonel Robert en a le commandement; les commandants Lanthaume, de Carrère et de Gorincourt sont à la tête de chaque bataillon.

La pluie tombe, et on bivouaque, au camp, dans une boue argileuse qui s'attache aux pieds, n'ayant pour se coucher que des genêts coupés aux alentours. On reste là peu de temps d'ailleurs, mais au polygone de Bourges, où se rend le régiment, la situation n'est pas meilleure : la vie des camps apparaît dure aux jeunes soldats, qui, mouillés et frissonnants, partent bientôt pour Gien, sur les lieux mêmes des opérations de guerre.

La première étape, de Gien à Sully, faite sans entraînement, sac au dos, avec 117 cartouches dans la giberne, les fatigue à l'excès, et le parcours de ces 21 kilomètres leur ensanglante les pieds. Arrêtés le soir sur les bords de la Loire, en face du pont suspendu, ils espèrent au moins prendre quelque repos, quand, au milieu de la nuit, une alerte les fait se lever précipitamment et courir aux faisceaux. On croit à une attaque, car dans la journée le canon a grondé du côté d'Orléans; mais il n'en est rien, et après une heure d'attente dans les tranchées creusées sur la rive du fleuve, on peut enfin déposer les armes et chercher le sommeil.

Le lendemain, le 1er et le 2e bataillons se dirigent vers Orléans; le 3e reste aux environs de Sully et occupe le château du grand ministre de Henri IV. Puis, vers le 20 novembre, tout l'effectif du régiment rassemblé reçoit l'ordre d'aller au camp de Lorris, installé dans une terre détrempée, où l'eau séjourne par flaques dans l'empreinte des chaussures.

On est là dans le voisinage de l'ennemi, et l'escouade du caporal Commandeur est envoyée un matin aux extrêmes avant-postes, sur la lisière d'un bois où les Prussiens devaient forcément passer s'ils cherchaient à surprendre le camp. Un poste d'officier de 50 hommes se trouve en arrière, séparé par un petit cours d'eau sur lequel n'existe aucun pont. Commandeur, pénétré de la responsabilité qui lui incombe, met ses hommes en observation et les surveille de près. Ayant

GIEN.

surpris, pendant une ronde de nuit, un factionnaire endormi sur le talus d'un fossé, le fusil entre les jambes, il lui fait remarquer, en l'éveillant, toute la gravité de sa faute, qui pouvait avoir de désastreuses conséquences; mais il s'abstient de le signaler à ses chefs, car le code militaire est formel : le sommeil devant l'ennemi, c'est la mort. Le soldat coupable, touché de cet acte de bonté, fit oublier vite d'ailleurs son man-

7

quement à la discipline et témoigna par la suite d'une énergie inlassable.

Ce poste avancé, placé à un endroit périlleux, reçoit des rondes fréquentes d'officiers, qui tiennent à s'assurer que le camp est bien gardé. Le commandant de Gorincourt le visite lui-même et exprime au caporal Commandeur son entière satisfaction, en constatant que la surveillance y est active. Une reconnaissance de chasseurs d'Afrique, que leur uniforme bleu fait prendre pour des hussards prussiens, vient un moment jeter l'émoi parmi nos jeunes soldats. La sentinelle qui aperçoit ce détachement d'une quinzaine de cavaliers, se replie précipitamment en criant : « Aux armes! » et le chef de poste, qui n'obtient aucune réponse aux trois « Qui vive? » réglementaires, est sur le point de commander le feu. Mais des mouchoirs blancs s'agitent, et un sous-officier, qui s'avance seul, se fait enfin reconnaître en échangeant les mots d'ordre et de ralliement.

La grande garde levée, le régiment se porte sur Chailly, et de là, le 24 novembre, sur Ladon et Mézières-sous-Bellegarde, où 1 430 hommes seulement — mobiles de la Loire et de la Haute-Loire, 2e bataillon du 44e de marche et francs-tireurs du Doubs — se trouvent aux prises, dans un premier engagement, avec 8 000 Allemands de l'armée du prince Frédéric-Charles. Chemin faisant, on questionne les gens du pays, effrayés d'entendre résonner dans leurs paisibles demeures le fracas des armées et la voix terrible du canon. — « Pauvres enfants, murmurent-ils, les Prussiens ne sont pas loin : vous les verrez avant peu.... »

Dès le lendemain matin, en effet, l'ordre est donné d'occuper Ladon. Le village, bombardé, offre un aspect lamentable; les maisons et l'église, écrasées sous les obus, ont leurs murs éventrés et leurs toitures brisées. Mais la fusillade recommence, et il faut aller sur le lieu du combat. A chaque instant, des blessés apparaissent, qui se traînent péniblement ou qu'on transporte enveloppés de couvertures; des morts sont étendus de ci, de là; des soldats prussiens, tués la veille, n'ont pu encore être relevés, et leurs corps, à la lisière d'un bois, sont alignés dans les sillons d'une terre fraîchement labourée; une ferme brûle, et l'incendie projette au crépuscule ses lueurs intermittentes sur les troupes qui se meuvent dans la plaine environnante.

PRINCE FRÉDÉRIC-CHARLES

Le 3e bataillon, de réserve ce jour-là, ne prend aucune part à l'action et revient le soir camper sous les murs de Ladon. Quelques hommes, talonnés par la faim, cherchent au retour à pénétrer dans les maisons abandonnées, espérant y trouver des vivres; ramenés dans le rang par les officiers, ils suivent de force la colonne, sans maugréer ni manifester trop de mauvaise humeur. L'un d'eux cependant qui, en plusieurs circonstances déjà, s'était signalé par son caractère violent et indiscipliné, se rebiffe contre le commandant de Gorincourt, qui le rappelle au devoir, et fait mine de le frapper d'un coup de baïonnette dans la poitrine. Arrêté sur-le-champ et aussitôt désarmé, il passe la nuit sous bonne garde et on le conduit au matin devant son chef. — « En me menaçant hier, lui dit froidement celui-ci, vous avez commis un acte que la loi militaire punit de mort : vous allez être fusillé.... » — Le soldat ne sourcille pas et n'exprime aucune parole de regret. Le commandant poussant l'épreuve jusqu'au bout, fait alors appeler l'adjudant et lui donne l'ordre de préparer un peloton d'exécution. Puis le réfractaire est amené en vue du camp, on lui bande les yeux, on le fait mettre à genoux, et à quelques pas de lui, le peloton se range, charge les armes et attend. Le moment est suprême.... Mais le commandant de Gorincourt juge bon de clore cette mise en scène. Il veut au moins savoir si quelque noble sentiment vibre encore dans le cœur du rebelle, et lui demande s'il regrette sa faute. — « Non ! » répond le coupable sur un ton qui le montre inaccessible au repentir. — « C'est bien, dit l'officier; levez-vous : je vous rends la liberté.... » — Ce soldat si peu français devait d'ailleurs finir mal : un mois plus tard, il était traduit en cour martiale pour rébellion nouvelle, et fusillé le 25 décembre entre la Charité et Raveau, dans le département de la Nièvre.

Le 27 novembre, le 44e de marche, qui s'était avancé du côté de Mézières, toujours occupé par l'ennemi, bivouaque à l'abri d'un bois, dans une allée découverte séparée de la plaine par une haie légère. Un général qui reconnaît le terrain, suivi de son escorte, encourage les jeunes soldats. — « Ce n'est pas pour aujourd'hui, mes enfants, leur crie-t-il avec rondeur. Mais demain, vous vous régalerez, et vous nous montrerez que vous avez le cœur au ventre.... » — Le soir, des coups de feu sont échangés entre les avant-postes; des francs-tireurs harcèlent les Prussiens d'une fusillade incessante. On passe la nuit à la belle étoile, sans dresser les tentes, sans allumer les feux; dans chaque compagnie, les quatre premières escouades veillent jusqu'à minuit, les quatre dernières jusqu'au jour. Dès sept heures, le 28, on se déploie en tirailleurs dans les vignes aux sillons profonds, et l'on marche sur Mézières. Des paysans fuient avec leurs bestiaux, cherchant une issue pour quitter ce quadrilatère de Saint-Loup-des-Vignes, Beaune-la-Rolande, Juranville et Mézières, où va pleuvoir la mitraille. Déjà, à l'ouest, le général Crouzat a enlevé les villages de Nancray, Batilly, Saint-Loup, et refoulé sur Beaune l'aile droite du Xe corps prussien. Ses attaques contre la ville, d'abord infructueuses, allaient se renouveler et sûrement nous donner le succès, quand le prince Frédéric-Charles, accouru de Pithiviers avec des renforts, lance sur notre flanc gauche une partie de son IIIe corps et une division de cavalerie, et oblige les assaillants à se retirer.

GÉNÉRAL BILLOT

Mais le général Billot, de son côté, avec le 18e corps, s'est avancé sur Beaune par la route de Montargis et se trouve bientôt aux prises, à l'est de la ville, avec la fraction du Xe corps prussien qui s'y est établie. L'action est chaude, le combat violent, et les jeunes troupes du 44e de marche reçoivent là pour la plupart le baptême du feu.

Le 3e bataillon avait occupé Mézières, que l'ennemi, en se retirant, venait d'incendier. Les rues étaient jonchées d'armes et aussi de sacs français, que nos soldats avaient jetés à terre pour s'élancer avec plus d'agilité à la poursuite des Allemands et les déloger à la baïonnette des bois voisins. Ceux-là, abrités par les arbres, entretenaient une fusillade des plus vives; les balles sifflaient de tous côtés, et des blessés, soutenus ou portés par des brancardiers, étaient ramenés au village à chaque instant. L'un d'eux, soldat au 1er bataillon, faisait peine à voir : atteint à la jambe droite, couvert de sang et de boue, le bas du pantalon déchiré, la blessure à nu, il criait et se tordait dans d'atroces souffrances.

Commandeur et ses camarades de Seine-et-Oise, en attendant l'ordre de marcher à leur tour, songeaient au pays natal et s'encourageaient mutuellement, à l'heure critique, à donner à la Patrie tout ce qu'il y avait en eux de foi ardente et de juvénile vigueur. Cette terrible guerre ne les faucherait pas tous sans doute, — et si quelques-uns devaient succomber, les autres seraient là, au retour, pour consoler les vieux parents et affirmer que l'enfant du village s'était bravement conduit....

Ces réflexions sont interrompues tout à coup par l'arrivée d'une cinquantaine de prisonniers prussiens, que l'on conduit à l'école et à la mairie, échappées aux ravages de l'incendie. Nos soldats les regardent défiler sans qu'aucun geste railleur ni aucune parole malsonnante ne viennent dans leurs rangs manquer au respect qui protège tout adversaire désarmé. Mais c'est la première fois qu'ils voient des Allemands de près, et c'est avec curiosité qu'ils les examinent, qu'ils remarquent surtout leurs lourdes bottes et leur grosse pipe de porcelaine suspendue à une boutonnière de la tunique.

La compagnie de Commandeur s'ébranle enfin, et les soldats, dispersés à travers les vignes, marchent sur Juranville, devancés par un détachement de tirailleurs algériens, qui ont reçu l'ordre d'enlever le hameau et que décime le feu meurtrier de l'ennemi. Soudain deux pièces d'artillerie débouchent du village et s'apprêtent à mitrailler de flanc les quatre dernières compagnies du 3e bataillon. Le sergent Guilbaut, qui le premier les aperçoit, ajuste et tire : son coup porte et un cheval est abattu. Sur toute la ligne une fusillade éclate aussitôt, et les chevaux, les canonniers et les servants de l'une des pièces tombent tués ou blessés. L'autre, précipitamment, tourne bride et disparaît derrière les maisons. Cependant, le fait a été si prompt que le capitaine Ripert, de la 3e compagnie, craint qu'on n'ait tiré sur des artilleurs français. Mais c'est en vain qu'il ordonne de cesser le feu : des mobiles du 73e, du Loiret et de l'Isère, placés en seconde ligne, l'alimentent par de nouvelles décharges, au risque d'atteindre même leurs camarades, contraints pour éviter les balles de s'aplatir dans les sillons. D'ailleurs on est fixé bientôt par un officier d'artillerie, — aujourd'hui généralissime de nos armées, — le capitaine Brugère, ordonnance du général Billot, qui, accouru à bride abattue, braque sa jumelle sur la pièce, que les chevaux blessés ont traînée à quelque distance, et qui, frappant des mains, crie aux soldats : « Tirez, les enfants, c'est une pièce prussienne : elle est de six chevaux, et les nôtres ici ne sont que de quatre. Courage! Je vais vous amener du renfort et bombarder le village.... »

GÉNÉRAL BRUGÈRE

Cinq minutes plus tard, les obus pleuvent en effet sur le bourg, que les Allemands, solidement fortifiés, ne paraissent pas vouloir abandonner. Grâce à l'appui de nos canons, les soldats s'en approchent pourtant, et déjà le sergent Guilbaut, et quelques hommes sont arrivés près de la pièce convoitée. Mais une décharge de l'ennemi les balaie presque tous quand ils vont s'en emparer : le sergent a l'épaule ensanglantée; autour de lui, ses camarades sont tombés, les uns tués, les autres blessés.

Il faut en finir cependant. Un escadron de lanciers, dans une charge fougueuse, s'engage alors par les rues du village, qui se croisent sur la place, et s'efforce d'en chasser les Prussiens. Malheureusement, la seconde pièce allemande a pris position à l'extrémité du bourg, et elle mitraille nos cavaliers, dont un grand nombre sont désarçonnés et mis hors de combat.

Leur héroïsme, s'ils le paient chèrement, nous vaut toutefois le succès. Derrière eux, l'infanterie a suivi; le canon en désarroi, autour duquel gisent dans la boue les artilleurs et les servants, est attelé de chevaux français et rapidement enlevé; les compagnies engagées du 44e de marche, notamment les 3e et 5e du 3e bataillon, pénètrent dans Juranville sous une grêle de balles et parviennent, aidées des mobiles qui accourent leur prêter main-forte, à déloger enfin l'ennemi de cette redoutable position. — Et c'est bien à la 3e compagnie, quoi qu'on en ait dit, que revient l'honneur de la prise du canon.

Le général Billot, malgré cet avantage, ne peut parfaire la victoire ni s'établir, au nord de Juranville, sur les hauteurs occupées par les Allemands. Son corps d'armée passe la nuit sur le terrain conquis et va se replier le lendemain soir sur Ladon et Bellegarde, avec celui du général Crouzat.

La bataille de Beaune-la-Rolande, où nos jeunes troupes

des 18e et 20e corps avaient montré la vaillance et la force de résistance de légions aguerries, fut comme tant d'autres sans résultats précis : notre armée, pour affirmer sa vitalité, resta un jour ou deux en face de l'ennemi, sur les positions qu'elle avait enlevées, et dut rétrograder ensuite. Le succès, dès les premières heures, planait visiblement au-dessus de nous; mais le général Billot, arrêté dans sa marche par les batteries prussiennes qui lui barraient la route, obligé à deux reprises de s'emparer de Juranville, n'arriva qu'à la nuit sous les murs de Beaune, — et il était trop tard au général Crouzat de tenter alors contre la ville un assaut décisif. — Cette journée nous coûtait 3 000 hommes; les Allemands en avaient perdu 1 000, dont une centaine de prisonniers. Inquiets d'ailleurs de l'entrain et de la vigueur déployés par nos soldats, ils évacuèrent bientôt le lieu du combat pour se masser vers Pithiviers.

Entrés des premiers dans Juranville, dont les rues sont jonchées de tués et de blessés, — Prussiens et Français que la mitraille a couchés pêle-mêle les uns à côté des autres, — le caporal Commandeur et l'adjudant Dejean, suivis de leurs camarades, pourchassent l'ennemi de maison en maison. Arrêtés un moment par les supplications d'un lancier, écrasé à terre sous le poids de son cheval et le visage couvert de sang, ils s'efforcent de le dégager et d'étancher sa blessure. Mais un obus éclate qui fait s'écrouler sur eux un pan de mur, dont les pierres et les gravois les ensevelissent à demi. Obligés d'abandonner le malheureux cavalier, ils ont à peine le temps de se jeter, du côté opposé, dans un petit jardin au fond duquel se trouve une habitation bourgeoise. Avec d'autres soldats qui arrivent, le sous-officier et le caporal montent à l'unique étage de la maison et enfoncent à coups de crosse la porte d'une chambre où sont enfermés sept Allemands qui, derrière des matelas, tirent par les fenêtres sur les Français débouchant dans la plaine. Se voyant pris, les uns tombent à genoux et demandent grâce en présentant leurs armes; mais deux ou trois veulent se défendre, résister jusqu'à la mort, et mettent nos hommes dans la pénible nécessité de les fusiller à bout portant. — Ces Teutons, d'ailleurs, avaient dû s'exciter au combat par un bon repas et d'amples libations : sur une table, des assiettes étaient pleines encore de lard et de bœuf salé, et dans un coin, un tonneau de vin d'une cinquantaine de litres avait été défoncé pour permettre aux hôtes d'y remplir plus commodément et plus fréquemment leur bidon. Bien que nos soldats, eux, depuis quarante-huit heures n'eussent presque rien mangé, ils ne furent pas tentés de toucher à ces restes.

Désigné, après l'enlèvement du village, pour conduire, assisté de huit hommes, une trentaine de prisonniers au quartier général, établi à Mézières, Commandeur lie conversation avec un jeune engagé volontaire qu'il a désarmé lui-même et qui parle quelque peu le français. Le cadet se désole d'être aux mains de ses adversaires : il eût préféré la mort, affirme-t-il, à la captivité. — « Il ne tient qu'à vous qu'il en soit ainsi, lui répond le caporal, sur le ton gouailleur du gamin de Paris. Essayez de fuir et de nous échapper : nos balles vous suivront, — et tout sera dit.... » Revenu à des sentiments plus calmes et témoin des égards dont ses camarades et lui sont entourés, le jeune Prussien a une pensée de reconnaissance envers son Roi, auquel il reste fidèle dans l'adversité, et une exclamation de haine contre Bismarck, le pourvoyeur insatiable des champs de bataille, le bouc émissaire des Allemands au moindre échec. Puis montrant à Commandeur un médaillon en or, où sont réunies les photographies de ses parents, il le supplie de lui faire conserver ce souvenir sacré.

L'amour de la famille est trop développé chez ce petit conscrit qui, lui aussi, porte sur son cœur les portraits de son père et de sa mère, pour que cette prière le laisse insensible. Il prend le médaillon et quand les prisonniers, fouillés scrupuleusement, sont enfermés dans la salle de classe de Mézières, sous la garde d'un factionnaire, il lui est facile de remettre ce bijou au soldat qui le lui a confié et de goûter la joie qu'éprouve le cadet, baisant avec transport l'image des être aimés. — C'est bien là, d'ailleurs, le caractère du troupier français qui, après la bataille, ne voit plus d'ennemis devant lui et, aussi bon que brave, s'empresse de rendre service à ceux qu'il vient de combattre.

La 3e compagnie, après l'assaut de Juranville, s'était avancée jusque sous les murs de Beaune-la-Rolande, et ce ne fut pas sans difficulté que Commandeur, à travers les batteries et les bataillons de ligne, de chasseurs, de mobiles qui couvraient le terrain, retrouva son régiment, attendant l'ordre d'attaquer la ville. On est à deux cents mètres des premières maisons, occupées par les Prussiens; mais le jour tombe, on ne bouge pas, et après deux heures d'inaction, on rétrograde sur Mézières, où la colonne s'arrête pour bivouaquer.

La journée a été rude, les hommes sont harassés, et il est heureux que des vivres leur soient enfin distribués, car, depuis la veille, ils ont dû se contenter d'un peu de biscuit et de lard cru.

L'appel de la 3e compagnie fait constater dans ses rangs de nombreux vides. Le capitaine Ripert, le sergent-fourrier Messonnier, les sergents Guilbaut et Baurin ne répondent pas à leur nom. Mais les conscrits de Seine-et-Oise se retrouvent presque au complet : deux seuls ont disparu ; un troisième, Polonais récemment naturalisé, — tout exprès pour prendre les armes contre la Prusse, — avait été tué dès les premiers coups de feu dans la plaine de Juranville.

III

VERS L'EST

Le lendemain matin se passe en mouvements indécis, conversions et changements de direction. Quand les marmites sont sur le feu et que déjà mijote la soupe, l'ordre vient de se retirer sur Ladon, et il faut partir l'estomac vide. Les routes sont coupées, des arbres abattus encombrent les chemins, et la marche est lente dans l'étroit passage réservé pour la circulation des hommes et du matériel. Placés en tirailleurs à la lisière d'un bois, près d'une ferme importante qui leur sert de point d'appui, les soldats de la 3e compagnie se tiennent sur la défensive. Une distribution de cartouches leur a été faite; ils ont chacun 126 coups à tirer, et sont prêts à recevoir vigoureusement l'ennemi. Mais les Prussiens ne se présentent pas; arrêtés au nord de Bellegarde par nos fantassins et nos chasseurs, ils ne poussent que mollement l'attaque et l'abandonnent bientôt pour se concentrer autour de Pithiviers.

Les officiers disaient alors aux hommes : « Courage! Nous allons faire jonction avec l'armée de Paris. Avant peu nous serons sous les forts de la capitale. » — Et Commandeur se réjouissait avec ses camarades de cette éventualité : car aller vers Paris, c'était se rapprocher de sa famille, revoir peut-être son clocher.

Il n'en fut pas ainsi. Pendant deux jours, on reste campé dans la plaine de Bellegarde, l'œil sur Beaune, qu'il ne faut plus songer désormais à enlever. De part et d'autre, on tiraille; des coups de canon sont échangés entre les deux armées, et deux obus allemands viennent éclater presque simultanément dans une maison isolée occupée par le colonel Robert, du 44e de marche. Cet officier supérieur ne s'en émeut pas : grand et sec, il sort, la figure souriante, de l'habitation bombardée, et arpentant de ses longues jambes la route nationale, il dit familièrement à ses soldats, qu'il domine de sa haute stature et qui admirent son sang-froid : « Ces bougres-là visent bien et finiraient par me dégoter ici. Mais ils n'ont pas encore ma peau.... »

Le 3 décembre, le régiment se replie sur Bellegarde, et le lendemain, à travers la forêt, il se dirige à marche forcée vers Orléans, ne prenant qu'une heure de repos à la grande halte. Malgré la hâte déployée, on ne peut avancer que lentement, dans un encombrement inimaginable de fourgons et de voitures, et ce n'est que vers minuit qu'on arrive à Fay-aux-Loges. Les hommes sont exténués de fatigue, il en manque beaucoup à l'appel, et ceux qui ont fourni l'étape tombent de sommeil. Mais à peine leur a-t-on distribué quelques vivres que l'ordre est donné de battre en retraite dans la direction de Châteauneuf-sur-Loire : il est trop tard pour défendre Orléans, les Prussiens viennent de réoccuper la ville.

Sans avoir pris aucune nourriture, sans avoir fermé l'œil, il faut donc repartir et marcher sans répit. On dort en cheminant, tirant péniblement ses guêtres, se heurtant les uns contre les autres. L'instinct de conservation vous pousse, car l'ennemi va vous talonner et ramasser les traînards. Mais combien, en dépit de leurs efforts, ne peuvent suivre la colonne et font appel à la pitié de leurs camarades pour ne point être abandonnés le long de la route, — combien tombent, qu'on ne revoit pas et qu'on porte comme « disparus » sur la situation journalière!

A Châteauneuf, on s'arrête à peine, et l'étape se poursuit vers Sully, où l'on parvient l'après-midi dans la plus grande débandade. La Loire charrie d'énormes glaçons. On la traverse hâtivement sur le beau pont en fil de fer, devant lequel le 44e de marche, vingt jours auparavant, a connu sa première alerte. Puis, aussitôt le passage des troupes, et sans attendre même des retardataires qui sont encore sur l'autre rive, le feu est mis aux mèches, et la superbe construction métallique, dont les piles sont minées, saute avec un fracas épouvantable et s'effondre soudain dans le lit du fleuve.

Pour permettre aux corps de se reformer, on fait halte enfin, non loin de Sully, dans un bois où l'on passe la nuit. La 3e compagnie, ce soir-là, était réduite à huit hommes : l'adjudant Dejean, le sergent Penot, le caporal-fourrier Commandeur et cinq soldats. Elle se renforça petit à petit : malgré cela, que de vides encore, au matin, dans les escouades, quand on partit pour Gien!

Là, revenu sur la rive droite de la Loire, le 44e occupe, à quinze cents mètres de la ville, les environs de la gare. Un duel d'artillerie assourdissant s'est engagé, le soir, entre les batteries adverses; les vieux châteaux historiques d'Anne de Beaujeu et de Sully se renvoient l'écho de détonations qui, de part et d'autre, restent sans efficacité. Le froid est vif et une neige fine aveugle les hommes engourdis dans leurs couvertures et à qui défense est faite d'allumer des feux. Tout à coup, une fumée épaisse se répand dans l'atmosphère et une flamme immense jaillit vers le ciel : par ordre supérieur, on vient d'incendier la gare des marchandises, pour que les approvisionnements qui s'y trouvent accumulés et que le temps ne permet plus d'enlever par voies ferrées, ne tombent en la possession de l'ennemi. On laisse du moins aux soldats la liberté de prendre ce qu'ils veulent, et pendant quelques minutes, c'est un pillage indescriptible : les uns emportent des flèches de lard, des bouteilles de vin et d'eau-de-vie, des sacs de café, de sucre, de sel; les autres, des paquets de chemises, de caleçons, de souliers, des objets de toute nature, qu'ils vont, d'ailleurs, semer bientôt sur la route pour alléger la marche.

La troupe ensuite redescend dans Gien, repasse le fleuve et s'établit, à Châtillon-sur-Loire, sur des positions où elle n'est pas inquiétée. Derrière elle, du reste, comme à Sully, on fait sauter, après deux essais infructueux, le magnifique pont de douze arches, construit à la fin du XVe siècle.

Puis, on quitte le Loiret pour entrer dans le Cher, et on s'en va de La Chapelotte à Henrichemont, de Brécy à Bourges, bivouaquant dans la neige, piétinant dans la boue, laissant en tous lieux des hommes qui ne peuvent suivre et qui font constater dans les mairies leurs blessures aux pieds, leurs douleurs aux jambes, pour se justifier plus tard quand ils rejoindront le corps.

Le 16 décembre, la 3e compagnie, envoyée aux avant-postes, se trouve à Fussy, dans un camp retranché. C'est là que Commandeur est nommé sergent-fourrier, en remplacement de Messonnier, disparu au combat de Juranville, et que le sergent Guilbaut, porté à l'ordre du jour pour sa belle conduite à la même affaire, dans la prise du canon prussien, reçoit l'épaulette de sous-lieutenant. Tour à tour on monte les tentes dans une terre labourée, d'où l'on ne peut se dépêtrer, puis dans une vigne, où l'on coupe les ceps pour faire du feu. Faute de mieux, on se rassasie de navets, arrachés dans les champs voisins. — Un matin, au réveil, on entend résonner une clochette d'église qu'agite un enfant de chœur : c'est l'aumônier des mobiles du Cher qui va offrir les consolations de son ministère à un soldat condamné la veille par la Cour

SERGENT-FOURRIER COMMANDEUR

martiale et qui doit être fusillé dans la journée. Mais le réfractaire, trompant la vigilance relâchée de ses gardiens, s'est évadé pendant la nuit : bientôt d'ailleurs il sera repris et exécuté.

De Fussy, la compagnie vient cantonner à Asnières, et les hommes sont heureux, trois jours durant, d'être garantis dans les maisons de ce village contre les rigueurs de la température. On se porte ensuite vers Raveau, dans la Nièvre, en passant par Sancergues et La Charité. Là, c'est le bivouac qui recommence avec toutes ses duretés; le froid est excessif, et il est impossible de se soustraire à ses atteintes; les chevaux de l'artillerie, inactifs, rangés dans la plaine, la crinière battue du vent, grelottent et baissent la tête sous l'âpreté de la bise; bêtes et gens sont transis.

Et pourtant, les soldats n'oublient pas qu'on est au 24 décembre, et que, ce soir-là, dans leurs familles, ils prendraient part gaiement au réveillon traditionnel si les douleurs de l'invasion n'oppressaient tous les cœurs. Ils ne veulent pas quand même manquer à l'usage, et pour fêter la Noël, ils s'octroient une dinde, flanquée de lard et de riz, qu'ils dépècent à la belle étoile et qu'ils arrosent d'un verre de vin. La volaille a coûté cher, mais la masse permettait cet extra, car les sous-officiers qui, outre les vivres de campagne, touchent trois francs cinquante centimes tous les cinq jours, l'alimentent de leur prêt, et les officiers, qui font cuisine avec eux, y versent de leur côté pareille somme.

Ce jour de Noël est malheureusement attristé par des exécutions militaires. Devant l'ennemi, la Cour martiale ne pardonne pas les défaillances préméditées et ses jugements sont inexorables. On fusille au camp le mobile évadé de Fussy, puis deux soldats du 44e de marche, — celui qui, à Ladon, avait menacé de sa baïonnette le commandant de Gorincourt, et un déserteur qui, lâchement, avait abandonné son poste. Les deux premiers bataillons sont seuls commandés pour ce service, le 3e est de grand'garde. Quand les détonations sourdes des feux de peloton ont répercuté à travers les rangs leur funèbre écho, et que les compagnies défilent devant ceux que vient de frapper la justice sommaire du temps de guerre, les yeux se mouillent en dépit de la faute commise et le cœur ému plaint ces frères d'armes égarés, qui ont payé de leur vie le manquement au devoir du soldat, défenseur de la Patrie....

Le 44e, revenu à La Charité, s'embarque là pour Chagny, dans des vagons à bestiaux. Il y arrive le 27, par l'itinéraire de Nevers, Decize, Le Creusot, Montchanin, et va camper à Meursault, dans la Côte-d'Or. La nuit, des coups de fusil retentissent aux avant-postes, et deux ou trois éclaireurs allemands, que l'audace a poussés trop près de nos lignes, restent étendus sur le sol.

Le 30, on cantonne à Marigny-lès-Reullée, dans le canton sud de Beaune, et Commandeur profite de l'hospitalité d'un brave homme pour écrire à sa mère. Dans quelques instants, les pieds ensanglantés par la marche, il ira prendre sans murmurer son service d'avant-garde. Mais aussi bon fils que courageux soldat, il pense aux siens en cette triste fin d'année et tient auparavant à leur envoyer l'expression de son profond attachement. Le premier jour de l'an se passait si joyeusement au milieu d'eux, les souhaits qu'il leur adressait partaient de son cœur avec une spontanéité si touchante.... Les reverra-t-il? Les balles ennemies l'épargneront-elles? Aura-t-il la force de supporter jusqu'au bout ces fatigues et ces privations inouïes? L'épreuve est dure, le sacrifice est grand que la Patrie réclame de tous ses enfants. Mais l'espoir le soutient, l'énergie de caractère ne lui fera pas défaut, des temps meilleurs suivront....

Ces réflexions, qu'en style décousu il crayonne à la hâte sur du papier jauni, parviendront-elles à destination? Il ne sait. Quoi qu'il advienne, il n'aura pas failli au pieux devoir de la reconnaissance filiale, et ses vœux les plus chers iront vers le petit village du Vexin où sa mère attend anxieusement son retour, — vers Paris aussi, où son père, capitaine au 60e régiment des mobiles de Seine-et-Oise, est enfermé et dont il n'a pas de nouvelles depuis son départ.

Celui-ci pourtant lui écrivait : « Si tu reçois ce mot, sache, mon petit Prosper, que je me porte bien. Que je serais heureux de te savoir également en bonne santé! Mais rien ne m'arrive, ni de toi, ni de la maison, et j'en suis désolé.... Les Prussiens ont été battus le 30 novembre, les 2 et 3 décembre. — (Pour les assiégés, Champigny était une victoire!) — Nous n'avons pas encore donné; cependant on vient de nous distribuer des vivres pour six jours, nous partons demain et nous nous attendons à un grand coup : puisse-t-il avoir en notre faveur un résultat décisif!... De ton côté, sois brave, mon cher garçon : conduis-toi, sur les champs de bataille, en patriote et en Français.... » — Mais cette lettre, emportée de Paris par ballon monté le 20 décembre 1870, n'était remise à Commandeur, alors en garnison à Melun, que le 5 juin 1871.

Le 31 décembre, le 44e de marche est à Seurre, où l'on fait, au grand contentement des hommes, une distribution de linge et de chaussures. Il se porte ensuite, suivant la vallée de la Saône, sur Saint-Jean-de-Losne, où le capitaine adjudant-major Charrier, du 3e bataillon, offre un verre de bourgogne à tous les fourriers de l'avant-garde, — puis sur Auxonne, place forte dont les remparts sont hérissés de canons et que l'artillerie prussienne bombardera peu de jours après.

Dans la soirée du 1er janvier, le régiment s'arrête à Saint-Seine-en-Bâche. Mais la moitié de l'effectif peut seule trouver place dans ce village de moins de 300 âmes, et neuf compagnies sont obligées de poursuivre l'étape jusqu'au petit bourg de Billey, à cinq ou six kilomètres de là. Conduits par le garde champêtre de Saint-Seine, qui leur sert de guide à travers bois, par des chemins épouvantables, que la neige a transformés en fondrières, les fourriers vont en avant préparer les logements. Les pieds meurtris et glacés, ils peuvent à peine se tenir debout : de cinq heures du matin à cinq heures du soir, la marche, ce jour-là, avait été ininterrompue.

Commandeur a la chance, avec le sergent-major Steimann, d'être hospitalisé chez un ancien sergent d'infanterie, Viennet Claude, qui les reçoit à cœur ouvert et ne néglige rien pour leur faire oublier, pendant quelques instants au moins, leurs souffrances et leurs misères. Il leur offre la soupe aux choux et au lard, un lapin sauté, une bouteille de son meilleur vin, et trinque avec eux au drapeau de la France, si glorieux jadis, et qui peut encore, dans ses plis où l'honneur est sauf, nous ramener la victoire. Pour la première fois depuis bien longtemps, les deux sous-officiers peuvent enfin s'étendre et reposer sur un bon matelas.

Les jours suivants, le régiment va de la Côte-d'Or dans la Haute-Saône, et évolue de Pesmes à Gy, puis, par Grandvelle, Rosey et Mailley, dans la direction de Champagney. On bivouaque en pleine montagne, à plus de 400 mètres d'altitude; les bœufs et les vaches sont abattus et dépecés séance tenante, sur la neige, qu'on est obligé de liquéfier avec du bois vert pour se procurer l'eau nécessaire à la préparation de la soupe ou du café. — C'est là qu'un brave et énergique citoyen de Seine-et-Oise, Ravannes, de Meulan, à la recherche du régiment depuis de longues semaines, parvient à rejoindre son fils, pour partager avec lui tous les périls de la campagne.

On redescend ensuite vers Vesoul, par des chemins impraticables, traversant des ruisseaux gelés pour abréger les étapes, tout le monde boitant, se traînant, semblant marcher sur des épines. Au hameau de Noirbouze, les habitants accueillent nos soldats avec d'autant plus d'enthousiasme que déjà, chez eux, les Allemands ont laissé partout la trace de leur odieuse occupation, saccagé les maisons, brisé les meubles et les ustensiles de ménage, maculé les murs au charbon de caricatures ignobles.

Le 8, à Montbozon, puis à Rougemont, dans le Doubs, de gros sabots sans brides sont donnés aux hommes qui n'ont plus de souliers. Mais il leur est difficile d'aller vite avec de pareilles chaussures, et à la première alerte où le pas gymnastique devient nécessaire, beaucoup les perdent dans la neige et doivent suivre pieds nus leurs camarades. — Un uhlan, tué le matin par des francs-tireurs, est resté étendu, à côté de son cheval abattu, dans un fossé de la route. — Le curé d'un village voisin est sur le point, ce jour-là, d'être exécuté lui-même : tête carrée, cheveux blonds, figure de Teuton, on le prend pour un officier ennemi déguisé, et sans l'intervention du colonel, près duquel il justifie de son identité, on allait le fusiller comme espion.

IV

A VILLERSEXEL ET A HÉRICOURT

Le 9 janvier, c'est la bataille de Villersexel. La journée est relativement belle; de la neige partout, mais une température supportable. Les soldats sont pleins d'élan et leur

GÉNÉRAL DE WERDER

GÉNÉRAL DE MANTEUFFEL

ardeur, plus encore que leur force numérique, fait présager le succès.

Les mouvements effectués dans l'Est avaient, à la fin de décembre, inquiété l'ennemi, qui redoutait à la fois le soulèvement des pays occupés et la rupture des communications allemandes. Le général de Werder, évacuant Dijon, s'était porté avec le XIVe corps du côté de Vesoul, appuyé en arrière par les IIe et VIIe corps qui, sous les ordres du général de Manteuffel, se réunissaient rapidement à Châtillon-sur-Seine pour constituer l'Armée du Sud. Le général Treskow, qui assiégeait Belfort, mettait lui-même en route la plus grande partie de ses troupes d'investissement pour prêter secours au premier appel.

De son côté, le général Bourbaki avait quitté Besançon et mis en mouvement, le 5 janvier, les 18e et 20e corps pour prendre l'offensive sur les rives de l'Ognon. Le choc va se produire de front et non sur notre flanc gauche, comme les Prussiens l'avaient d'abord combiné afin de retarder notre marche.

La ligne de bataille s'étend d'ailleurs de Cubry et Les Magny jusqu'à Marast et Esprels. Mais Villersexel, chef-lieu de canton d'un millier d'âmes, au confluent de l'Ognon et du Scey, à 275 mètres d'altitude, en est le point central. Le combat s'engage dès le matin à coups de canon, et notre artillerie dirige son tir avec habileté. Cependant deux bataillons de mobiles, qui occupent Villersexel, sont obligés, après une résistance énergique contre la 4e division de réserve prussienne, d'abandonner la ville. Vers midi, la bataille recommence et se poursuit avec des alternatives diverses de succès et d'échec. Au sud, la place est attaquée par l'avant-garde du 20e corps, tandis que, sur la rive droite de l'Ognon, le 18e s'avance, et que le général Robert, avec deux bataillons du 44e de marche et deux bataillons des mobiles du Loiret, conduit une charge vigoureuse contre le 34e régiment poméranien et l'expulse du bois des Brosses. A sept heures du soir, nos soldats rentrent dans le bourg de Villersexel, où l'ennemi s'est solidement barricadé. Une nouvelle lutte, héroïque, sanglante, se déroule par les rues, à la lueur des incendies, et se continue toute la nuit, concentrée principalement autour d'un vaste et magnifique

VILLERSEXEL (9 JANVIER 1871)

château du temps de Louis XIII, qui est pris, perdu, et repris d'heure en heure. L'assaut est donné notamment par un bataillon de mobiles, appuyé d'un bataillon de zouaves, et par le 1er bataillon du 44e, qui sont forcés, plusieurs fois, de se replier sous le feu d'une effrayante mousqueterie. La position, qu'on ne peut enlever de front, est tournée enfin; tout autour, des maisons brûlent et s'effondrent; l'acharnement, de part et d'autre, est terrible; on se bat corps à corps, à l'arme blanche, à travers feu et flammes. Pressés de tous côtés, les Prussiens, à différentes reprises, abandonnent leur poste et y sont ramenés aussitôt par les officiers qui, menaçants, le pistolet au poing, donnent eux-mêmes l'exemple du plus grand courage et apparaissent, comme des démons, dans la fournaise ardente.

C'est à trois heures du matin seulement que Villersexel reste définitivement en notre pouvoir. Les Allemands nous cèdent la place et se retirent vers le nord-est; ils ont perdu 700 hommes, et si nous sommes vainqueurs, nous le payons nous-mêmes chèrement, car 1 000 des nôtres environ sont hors de combat.

Ce succès, malheureusement, n'eut aucune conséquence. L'ennemi ne fut pas poursuivi, et le général Bourbaki, croyant à une nouvelle attaque, resta le lendemain dans l'immobilité : notre armée ne reprenait que le 11, avec beaucoup de lenteur, sa marche en avant.

Il était difficile sans doute de faire mouvoir avec rapidité des troupes de formation si hâtive et de cohésion si imparfaite. Cependant, on pouvait opérer de façon plus expéditive, avec plus de décision surtout, et si les Allemands, dans leur retraite, avaient été pourchassés immédiatement, les combats des jours suivants eussent eu pour nous évidemment un tout autre résultat. Le général de Werder, en effet, se montrait inquiet et très préoccupé de son échec; il avait des soldats aguerris, mais en nombre fort inférieur aux nôtres, et pour l'empêcher de lever le siège de Belfort, il lui fallut les ordres formels du maréchal de Moltke, lui prescrivant de résister à tout prix en attendant l'armée de secours du général de Manteuffel, et de terroriser le pays par une implacable rigueur, s'il surgissait la moindre agitation.

MARÉCHAL DE MOLTKE

GÉNÉRAL BOURBAKI

Mais les quelques jours de répit dont il disposa lui permirent d'organiser une ligne de défense sur la rive gauche de la Lisaine, qui, coulant du nord au sud, à l'ouest de Belfort, va grossir l'Allaine, un des affluents du Doubs, et de prendre là des positions formidables, qu'il hérissa de gros canons de siège détachés des batteries qui foudroyaient la ville.

Le 12, on occupe Lure, Gray et Vesoul. Le 13, un choc sérieux se produit à Arcey et à Sainte-Marie; l'avant-garde du général Bourbaki, après deux heures de lutte, enlève ces deux villages à la baïonnette, avec des pertes insignifiantes. La journée du 14 se passe en préparatifs dans les deux camps : le général Werder retranche ses 40 000 hommes sur un front de vingt kilomètres, la division de réserve entre Montbéliard et Héricourt, le XIVe corps entre cette dernière ville et le village de Chenebier; en face, sur la rive droite de la Lisaine, s'échelonne l'armée française, qui se dispose à prendre l'offensive.

Dès le 15 au matin, le général Bourbaki cherche à déloger les Allemands des fortes positions qu'ils occupent et à déborder leur aile droite. Mais le temps s'écoule en efforts infructueux. A notre droite, le 15e corps parvient cependant à prendre la ville de Montbéliard, sans pouvoir toutefois s'emparer du vieux château des XVe et XVIe siècles, qui sert de caserne et dont l'ennemi reste maître. A notre gauche, les troupes du 18e corps et la division Cremer se gènent dans leur marche en avant, se confondent et s'entassent sur un espace trop limité, et quand l'ordre se rétablit, qu'une partie de ces troupes peuvent agir, la nuit met obstacle au mouvement tournant qu'elles devaient exécuter.

Nuit horrible, d'ailleurs, la plus dure de toute la campagne. Le thermomètre marque 18° au-dessous de zéro, et malgré le voisinage des Allemands, postés à 800 mètres au plus, des feux sont allumés, autour desquels se pressent officiers et soldats. Un vent violent et glacial soulève sur le plateau des monceaux de neige, qui s'abattent sur les hommes aveuglés et les enfouissent à demi.

Le lendemain 16, la lutte recommence par un brouillard intense. Un combat d'artillerie des plus violents s'engage le matin entre la division badoise, forte de 14 000 hommes et de six batteries, que commande le général de Glümer, et celle du général Cremer, qui enlève Chenebier vers la fin de la journée et y fait prisonniers plus de 200 Prussiens. Le village est occupé ensuite par la division Penhoat, venant d'Etobon; mais ce corps, surpris pendant la nuit, est délogé de la place, que les Allemands reprennent à quatre heures du matin. Cremer, qui s'est installé sur les positions de la veille, les défend avec énergie pendant trois heures et les maintient en forçant l'ennemi à se retirer sur Frahier. S'il eût été soutenu, l'aile droite de l'armée allemande était écrasée et le corps de

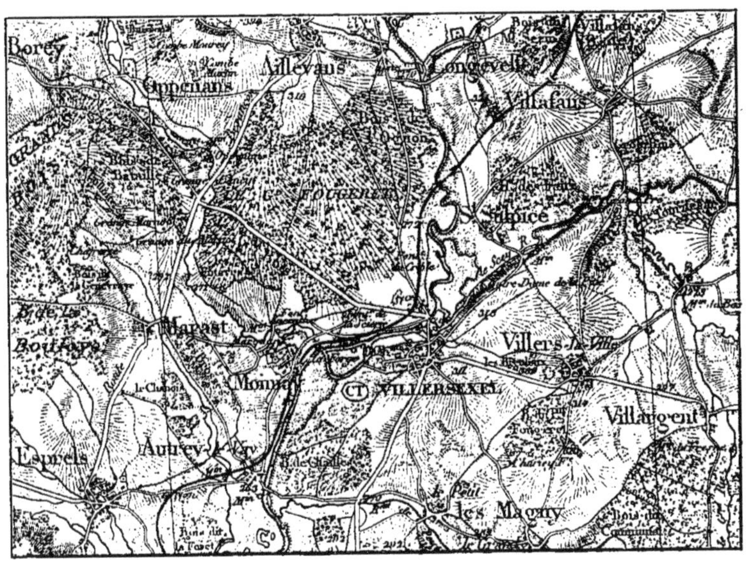

PLAN DE LA BATAILLE DE VILLERSEXEL

Werder tourné. Malheureusement, la neige et le verglas empêchent les communications; la cavalerie, avec des chevaux non ferrés à glace, se trouve dans l'impossibilité de faire des reconnaissances utiles; puis, comme trop souvent déjà le fait s'est produit, au cours de cette fatale guerre, les ordres n'arrivent pas, l'initiative n'est assumée par personne, et les différents corps ne se prêtent aucun appui pour assurer le succès d'une action préalablement concertée.

Au centre, les troupes françaises se heurtent contre les positions formidables de la Lisaine, sous le feu des batteries du Mont-Vaudois, et malgré la vigueur de l'attaque, ne réussissent pas à en déloger l'ennemi. Nos soldats sont obligés de rétrograder, après avoir gravi, jusqu'aux portes mêmes de la petite cité, la colline de 337 mètres d'altitude où se dresse la ville d'Héricourt, dont l'histoire, quatre siècles auparavant, avait enregistré le nom déjà, lors de la défaite sanglante infligée par les Suisses, en 1474, à l'armée du duc de Bourgogne, Charles le Téméraire.

Le 17, Chenebier est de nouveau enlevé aux Allemands, quelques heures après leur entrée dans le village, par la division Cremer, qui, ne se sentant pas appuyée, n'ose pousser à fond l'avantage obtenu et traîne le combat presque toute la journée sans gain vraiment profitable. Sur les autres points, d'ailleurs, à Héricourt encore, au château de Montbéliard, nos corps d'armée s'épuisent et échouent en attaques isolées, en assauts meurtriers, — tandis que la garnison de Belfort reste inactive et ne tente aucune sortie, pour détourner une partie des forces allemandes et seconder ainsi les efforts de l'armée de l'Est. Vers la fin du jour, le général Bourbaki, redoutant l'armée de Manteuffel qui s'approche et voyant l'excès de fatigue de ses troupes qui, exténuées par les privations, les marches, les nuits de bivouac, sans feu, par un froid sibérien, sont incapables désormais d'agir avec efficacité, se décide, la mort dans l'âme, sur l'avis des commandants de corps, à rompre le combat et à donner l'ordre de la retraite. — Cette bataille de trois jours nous coûtait 8 000 hommes; les Allemands en avaient perdu 2 000.

Le 18 au matin, la retraite commence en effet, sans que

notre armée soit vigoureusement poursuivie. — Le même jour, le roi Guillaume Ier, en présence de tous les princes allemands, était solennellement proclamé empereur d'Allemagne, dans le salon des Glaces du château de Versailles....

Le 44e de marche s'était activement dépensé dans cette terrible lutte. Il avait traversé une région montagneuse couverte de neiges épaisses, par des sentiers rapides où les hommes ne pouvaient avancer qu'en file indienne;

CHÂTEAU DE VILLERSEXEL

pour escalader les côtes et descendre au fond des ravins, des mulets portaient à dos les canons avec leurs affûts, d'autres des cacolets chargés de malades et de blessés. Le régiment, arrivé le 15 près de Couthenans, sous Héricourt, est aussitôt bombardé par les Prussiens, dont les canons sont à 800 mètres, établis sur un point élevé; et quand, sortant d'un bois où il s'est abrité, il débouche en plaine pour se mettre en ligne de bataille, les boîtes à mitraille ravagent les rangs de tirailleurs. Un obus éclate au milieu d'une compagnie et renverse une dizaine d'hommes. Le capitaine adjudant-major Charrier, du 3e bataillon, blessé à la cuisse, tombe de cheval en disant : « Ces nigauds-là m'ont raté! » On le transporte à l'ambulance, et le sous-lieutenant Marquet le remplace à titre provisoire.

Le soir, on exécute des travaux de terrassement pour

épauler notre artillerie, nos mitrailleuses surtout qui, le lendemain, vont balayer nombre de cavaliers ennemis et faire place nette où les coups passent. Les canons prussiens répondent à ces machines infernales, que beaucoup de jeunes soldats voient en manœuvre pour la première fois; les obus sifflent au-dessus de leurs têtes ou viennent éclater à leurs pieds. Mais ils les craignent moins, ils s'aguerrissent et commencent à s'habituer au jeu brutal de la poudre et des bombes.

GUILLAUME Ier

Un ordre général est lu, ce jour-là, aux troupes du 18e corps. La décision ministérielle du 22 novembre nommant le contre-amiral Penhoat au commandement provisoire de la 2e division d'infanterie, leur est notifiée. Une ration de vin leur est accordée en raison de la fatigue de la veille et de la bonne attitude des soldats de toute arme. Puis, le commandant en chef du 18e corps d'armée est heureux de porter à la connaissance des troupes la dépêche qu'il a reçue du Ministre de la Guerre et qu'il juge opportun de signaler à titre d'encouragement.

« Nous sommes très satisfaits de votre vigoureuse pointe sur Mézières, Juranville, Beaune-la-Rolande, qui a pleinement atteint notre but, en arrêtant les mouvements tournants de l'ennemi sur la gauche de l'armée et en rappelant les forces prussiennes sur leur centre. J'attends votre rapport sur la journée du 28, pour donner des récompenses aux officiers, sous-officiers et soldats. Vous pouvez être justement fiers de cette journée.

« A peine organisés, vous avez dû faire des marches forcées devant l'ennemi, et combattre sans même connaître le nom de vos chefs. Mais vous aviez devant vous la Patrie en danger, l'ennemi dévastant notre belle France. Vous avez couru à la victoire avec l'aplomb, l'ordre et l'entrain des vieilles troupes : vous avez bien mérité de la Patrie.

« La lutte héroïque que nous poursuivons pour l'indépendance nationale n'est pas encore terminée. Il vous reste des étapes à faire, des privations à endurer. Mais rien ne saurait arrêter les efforts des soldats français luttant pour le salut de la Patrie.

MONUMENT DE VILLERSEXEL

« Soldats du 18e corps, n'oubliez pas que vous formez l'aile droite de l'armée de la délivrance, et que la France a les yeux sur vous ! »

Paroles enflammées, marquées au coin du langage militaire d'un Bonaparte, inspirées du plus pur patriotisme, et dont la vibrante éloquence imprégnait les hommes de l'ardeur sainte qui les avait dictées !...

Le 44e, ramené à Couthenans, bourg de 350 habitants, y passe la nuit et reçoit l'ordre, dès la pointe du jour, de traverser à gué la Lisaine et de prendre d'assaut, sur la rive gauche, un village où les Allemands ont crénelé toutes les maisons. Mais on reconnaît bientôt que l'attaque est vouée à l'insuccès, que nombre d'hommes vont être sacrifiés inutilement, et, comme la veille, le régiment est déployé en lignes de tirailleurs sur les hauteurs qui dominent la position.

Le sergent Bultel, camarade de Commandeur dans la 3e compagnie, semble découragé et ne veut pas même, au départ, se charger de vivres pour la journée. On eût dit qu'il pressentait un malheur. Et en effet, le premier obus parti des pièces ennemies vient mutiler le pauvre garçon et lui briser le bras droit, que des lambeaux de chair retiennent seuls ; l'amputation immédiate s'impose et elle est pratiquée à l'ambulance, où le blessé est transporté mourant.

Cependant la situation du régiment devient critique; la position qu'il occupe est intenable; nos canons de campagne et de montagne sont impuissants contre les pièces de 24 et les énormes obus prussiens. Çà et là, une poignée d'hommes restent en évidence, pour montrer à l'ennemi que les gardes ne sont pas relevées. Mais peu à peu il faut se résoudre à céder le terrain, à évacuer le village de Couthenans, où on laisse les blessés et où les Prussiens ne tardent pas à entrer.

On ne s'éloigne toutefois qu'à faible distance, sur un plateau environnant, où des soldats de la ligne et des mobiles, tués à l'attaque d'une fabrique occupée par les Allemands, sur la Lisaine, avaient été transportés. La nuit vient sans interrompre le grondement des canons et la fusillade. Nuit affreuse encore, d'une rigueur excessive : il faut se coucher dans la neige, sans allumer de feu, avec du biscuit seulement pour se réconforter, le peu de pain qui reste étant pétrifié par la gelée.

Quand, au matin, on repasse à l'endroit où sont déposées les victimes de la veille, les hommes saluent et leur portent les armes. Les corps, couverts d'une légère couche de neige, apparaissent comme ensevelis dans un vaste linceul; deux morceaux de bois, disposés en croix, marquent d'un signe pieux cette funèbre alignée d'enfants de la France, tombés dans l'effroyable mêlée à l'heure où la vie pour eux n'aurait dû être que souriante.

V

A TRAVERS LES NEIGES DU JURA

Après la journée du 17, quand il faut renoncer à délivrer Belfort, quand tout espoir est perdu par le dernier insuccès du 24e corps, que commande le général Bressolles, le 44e de marche suit le mouvement de retraite. On se bat encore à l'arrière-garde, pendant que s'effectue cette lugubre déroute, la plus sombre de la campagne, qui va se continuer à travers les défilés, les gorges et les ravins, où les chevaux glissent, s'abattent et meurent, où les convois s'égrènent lamentablement le long des chemins, où les cadavres s'engloutissent et disparaissent silencieusement dans la neige.

Tandis que les chevaux prussiens, la corne du pied garnie de fers à crampons, à clous d'acier, comme les chevaux russes attelés aux troïkas des bords glacés de la Néva, galopent sans broncher, notre cavalerie ne peut se tenir debout et périt misérablement par les routes défoncées, effondrées, transformées en véritables gouffres.

Les chevaux de l'artillerie ne détellent jamais et n'ont

plus que les os et la peau. Tourmentés par la faim, ils rongent tout ce qu'ils trouvent, l'écorce des arbres plantés des deux côtés de la chaussée, les rais de chaque roue des voitures et des fourgons, les crins que de l'un à l'autre ils s'arrachent de la queue. Des caissons pleins d'obus sont abandonnés, faute de chevaux valides; ceux qui restent traînent péniblement les canons seuls, qu'on cherche au moins à sauver.

Les soldats vont pieds nus, d'autres en sabots, en proie à des souffrances inouïes. Le froid est terrible, les vivres manquent, les marches deviennent de plus en plus accablantes. En certains endroits, dans les gorges, le génie est impuissant à déblayer la neige pour livrer passage aux convois. C'est la retraite de Russie, mais en France, sur notre territoire; c'est la famine, la misère, le trépas de milliers d'hommes dans notre pays, — et l'horreur du spectacle en est centuplée.

Le général Bourbaki, affolé de désespoir, effrayé de passer pour un traître, assiste, l'air vague et sombre, à la débâcle épouvantable de son armée, disant à ses officiers : « Tout est contre nous; mais quoi qu'il arrive, je sortirai de là... comme je pourrai.... »

Mais il est impossible de faire avancer par étapes rapides cette multitude affamée, transie par une température de dix degrés au-dessous de zéro, et forcément les haltes sont fréquentes, les incidents multiples. Près d'un village, à la porte d'un cimetière, on voit sur un brancard les corps rigides de deux Prussiens, tués depuis quelques jours. A l'intérieur du champ de repos, d'autres cadavres sont étendus, pêle-mêle, au milieu des tombes. Des francs-tireurs ont surpris là un détachement ennemi et l'ont délogé de la position en lui infligeant des pertes sérieuses. Nos morts à nous ont été

BISMARCK

ensevelis par les habitants de la localité, qui, ne pouvant creuser des fosses assez nombreuses, ont dû laisser momentanément dans la neige les autres victimes de l'escarmouche.

Plus loin, on trouve dans un fossé des bombes incendiaires, abandonnées par les Allemands. Et cependant, le comte de Bismarck, dans la fameuse circulaire qu'il adressait de Versailles, le 9 janvier, à ses agents diplomatiques à l'étranger, et où il accusait mensongèrement les Français d'avoir fait usage de balles explosibles à la bataille de Wœrth et dans un combat près de Tours, affirmait avec aplomb que jamais les troupes allemandes n'avaient employé d'engins interdits par la Convention de Genève!

Pendant que notre armée se retire ainsi sur Besançon, dans des conditions désastreuses, la division Cremer couvre la retraite avec énergie. Mais les troupes de Manteuffel, parties de Châtillon-sur-Seine, ont traversé le plateau de Langres; des détachements, amenés par chemin de fer, occupent déjà la gare de Mouchard, où vient s'embrancher la ligne de Bourg, par Lons-le-Saunier, et manœuvrent pour nous couper toute communication avec Lyon. De son côté, le général Werder est maître de la ligne qui s'étend de Montbozon au plateau de Bondeval, par Rougemont et l'Isle-sur-le-Doubs.

Le 23 janvier, pendant que le général Cremer livre un combat d'arrière-garde fort important près de Dannemarie, l'armée de l'Est atteint Besançon. Mais le gouverneur, devant l'épouvantable cohue qui se presse vers la ville, en fait fermer les portes, — et les troupes, décimées par les privations, la maladie, la rigueur du temps, dans un état déplorable de fatigue et de démoralisation, se répandent dans les villages d'alentour, où la faim leur fait commettre des actes de pillage,

BESANÇON

répréhensibles sans doute, et que pourtant excusent les souffrances cruelles qu'enduraient les soldats.

Le 24, le 44e de marche assiste sous les murs de Besançon à une exécution militaire. Dès le 12, le lieutenant-colonel Achilli, qui commande le régiment, avait adressé du quartier de Noirbouze au colonel Robert commandant la 2e brigade, à Pont-sur-l'Ognon, une plainte en cour martiale contre cinq hommes du régiment, pour désertion en présence de l'ennemi ou pour abandon de leur poste. La cour fonctionna; elle acquitta quatre des accusés, mais condamna à mort le déserteur Martin, réintégré au corps en habillement civil.

Au petit jour, le régiment prend place en carré dans une dépression de terrain où doit avoir lieu l'exécution. L'adjudant et le peloton qu'il commande occupent au centre le bas-fond du vallon. Bientôt arrive le condamné, escorté de deux gendarmes et assisté de l'aumônier, qui le soutient et lui offre les consolations de son ministère. A ce moment, le colonel, qui ne veut pas que l'affaire traîne en longueur, tire son épée et fait porter les armes. On lit immédiatement au soldat qui va mourir la sentence de la cour martiale, et on lui bande les yeux. Puis, d'un geste silencieux qui oppresse tous les cœurs, l'adjudant lève son sabre, et le peloton met en joue, — il l'abaisse, et douze balles traversent la poitrine du malheureux, qui s'affaisse et tombe la face contre terre. Un sergent s'avance et lui décharge son arme dans la tête. Le médecin constate la mort, et le crime de désertion a reçu son châtiment. Clairon sonnant et tambour battant, le régiment défile ensuite devant le fusillé, et chacun retourne au bivouac, profondément ému de l'exemple terrible que vient de donner la justice militaire.

L'après-midi, le 44e est au village de Château-Farine, où se tient le Conseil de Guerre qui doit décider du parti à prendre. L'idée de résister dans Besançon est vite abandonnée : les munitions manquent, les vivres seront épuisés, croit-on, en une semaine. Non soutenu par le corps de Garibaldi qui, ne comprenant pas la situation, s'est immobilisé tout entier aux environs de Dijon, après les combats partiels de Messigny et de Pouilly, le général Bourbaki ne croit pouvoir échapper à Manteuffel, qui continue son mouvement vers le sud, qu'en traversant les plateaux du Jura. Et comme point de direction générale à toutes ses troupes, il indique Pontarlier, qui permettait d'accéder aux routes allant vers Lyon.

Mais, deux jours après, le 26 janvier, accablé de douleur et pris d'affolement en voyant son armée perdue, absolument cernée, impuissant à rétablir l'ordre, et craignant plus que jamais d'être accusé de trahison, il désigne le général Clinchant comme son successeur, et pendant la nuit, trompant la surveillance d'un médecin de ses amis, se tire un coup de pistolet dans la tête. Sa mort, officiellement annoncée, fut bientôt démentie. On le transporta à Lyon, où il resta jusqu'au 9 février dans un état désespéré. Le 15, il était hors de danger; mais la guérison, très lente, ne fut complète qu'au mois de juillet.

Le 44e, ce même jour, après une nuit de grand'garde, avait traversé Besançon, les hommes portant la couverture sur l'épaule, comme une troupe de bohémiens. A la sortie de la ville, il avait fait halte sous la citadelle qui la domine, l'un des plus beaux ouvrages de Vauban. Et là, devant lui, escorté de son état-major, était passé le brave chef de l'Armée de l'Est, pâle et défait, qui, le front assombri, la rage au cœur, l'œil absorbé par l'état lamentable de ses soldats, semblait vouloir leur crier quelle immense pitié lui inspirait une telle misère. Sa pensée, obsédée d'un fatal dessein, en méditait sans doute alors dans un brumeux horizon la réalisation à brève échéance.

Le lendemain, à Nancray, le régiment apprenait, en effet, la tentative de suicide du général.

VI

DERNIERS COUPS DE FEU

Dès le 27 au matin, l'armée passe sous le commandement du général Clinchant. Né le 24 décembre 1820, il avait cinquante ans, l'âge pour un chef de l'énergie et de la vigueur. Il s'était distingué en Italie, où il avait été promu lieutenant-colonel le jour même de la bataille de Solferino (24 juin 1859), et s'était également fait remarquer dans la campagne du Mexique. A la tête d'une brigade dans l'armée de Bazaine, il avait réussi à s'échapper de Metz au moment de la capitulation et s'était mis aussitôt à la disposition du Gouvernement de la Défense nationale. Général de division, il commandait le 20e corps à l'Armée de l'Est.

Mais quand le général Clinchant prend le commandement en chef, les Allemands déjà commencent à nous déborder. Depuis la veille, le IIe corps prussien, sous le général Fransecky, est à Salins, où les canons des forts ne l'ont arrêté qu'un instant en lui faisant perdre une centaine d'hommes, et il menace directement, sur la route de Pontarlier à Lons-le-

Saunier, le point important de Champagnole. Le VIIe corps, qui a pris contact sur sa gauche avec la division badoise du général de Glümer, venue de Lure en suivant la rive droite de l'Ognon, se dispose avec le général Manteuffel à franchir la Loue ou à marcher sur Ornans. La IVe division de réserve s'est avancée d'Héricourt pour nous couper la route de Besançon à Pontarlier, tandis que le XIVe corps, sous le général de Werder, garde le cours supérieur du Doubs et surveille la frontière suisse.

L'armée française, incapable désormais de combattre, se trouve dans une situation désespérée; elle est à bout de forces, presque à l'agonie, et sur les routes couvertes de neige, elle sème lugubrement son artillerie, ses voitures, et laisse derrière elle, comme un immense troupeau, une cohue de traînards, de fiévreux, de bandes affamées, sans que les engagements d'arrière-garde, livrés sur quelques points, retardent la poursuite acharnée de l'ennemi.

Le général Clinchant cependant veut tenter d'en réunir les débris au delà de Pontarlier, pour assurer la retraite du côté de Lyon, par Saint-Laurent et Saint-Claude. Il rattache les troupes de la division Cremer au 24e corps, qui s'était débandé, et enlève le commandement de ce corps au général Bressolles. Il essaie d'engager avec le général Manteuffel des négociations qui sont vite rompues, le commandant de l'Armée du Sud ne répondant que par une sommation de se rendre à discrétion.

Le 28 janvier, Paris capitulait, après quatre mois et demi d'investissement, vaincu par la famine plutôt que par les Allemands. Un armistice de vingt et un jours était signé, mais il n'était pas applicable à l'Armée de l'Est; Belfort et les trois départements de la Côte-d'Or, du Doubs et du Jura en étaient exceptés. — Et par un oubli déplorable, une négligence incompréhensible, cette exception ne fut pas signalée à la Délégation de Bordeaux ni au général Clinchant. M. de Bismarck, qui avait contresigné la dépêche adressée par le négociateur français, Jules Favre, au Gouvernement de la Défense nationale, s'était bien gardé de faire remarquer et réparer cette omission.

Le 29, les différents corps allemands, auxquels le général Manteuffel a prescrit d'achever ce jour-là leur mouvement enveloppant, nous attaquent, à l'ouest de Pontarlier, à Chaffois et à Sombacourt, où l'une de nos divisions, surprise par un seul bataillon, se laisse capturer, presque sans résistance, avec ses officiers et toute son artillerie. Au sud, une brigade de la division Cremer et le gros du 24ᵉ corps, qui marchent sur Saint-Laurent par Mouthe, voient leur avant-garde se heurter, à Foncine-le-Bas contre un détachement allemand, qui a repoussé notre cavalerie des Planches-en-Montagne.

C'est à ce moment qu'arrive l'ordre, télégraphié de Bordeaux, de suspendre les hostilités, et partout, de notre côté, le feu est aussitôt arrêté. La malheureuse Armée de l'Est va pouvoir enfin respirer. Le général Clinchant fait cesser immédiatement le mouvement de retraite et cherche à cantonner ses troupes, autant que le permettent les faibles ressources de ce pays montagneux.

Mais le général Manteuffel, qui a profité de cette immobilisation momentanée de toutes nos forces pour occuper des positions importantes qu'il eût été possible encore de défendre, et barrer les seules routes accessibles pour nous dans la direction du sud, fait savoir au général Clinchant, par un parlementaire, que l'armistice ne concerne nullement son armée. Et il continue d'avancer, le IIe corps prussien nous attaquant le 30 au matin, et nous enlevant à Frasne 1500 prisonniers.

Maintenant, la dernière ligne de retraite nous est fermée. On ne peut songer à se diriger sur Lyon. Il ne nous reste que des sentiers impraticables, encombrés de neige, où de faibles détachements pourraient à peine s'engager. Nos troupes, harassées, démoralisées, vont être atteintes de tous côtés par les Allemands, sans qu'elles puissent opposer nulle part quelque résistance efficace.

Cependant le général Cremer avec quelques-uns de ses régiments, le général de Longuerue avec sa division de cavalerie du 15e corps et un régiment de cavalerie du 20e, le général d'Ariès avec la 1re division du 24e corps, ses bagages et deux batteries, — en tout 10 000 hommes environ, — parviennent le 30 au soir jusqu'à Morez, et réussissent de là à gagner Gex.

Le 31, c'est la débandade de l'armée sur la route de Verrières-de-Joux par la Cluse, la seule voie qui s'ouvre devant elle et lui permette d'échapper à Manteuffel, marchant sur Pontarlier avec les IIe et VIIe corps prussiens. La dénonciation de l'armistice a mis le comble d'ailleurs au découragement des troupes françaises. — 500 hommes et 22 officiers se laissent enlever, au bourg de la Planée, par une seule compagnie allemande. Un autre combat malheureux est également livré par nos soldats au village de Vaux.

FORT DE JOUX

La situation est sans espoir en face de l'ennemi, et il ne reste d'autre alternative, pour le salut, que de se réfugier en Suisse, d'autre ressource au général Clinchant que d'entamer pour l'internement des négociations avec le général Herzog, commandant en chef de l'armée helvétique.

Le 1er février, une convention autorisait l'armée française à entrer sur le territoire de la Confédération, en déposant les armes, et le général Clinchant télégraphiait de Verrières à la Délégation de Bordeaux :

« Le général Manteuffel m'a refusé une suspension d'armes de trente-six heures pour que le Gouvernement puisse élucider la question de l'armistice. L'ennemi ayant continué les hostilités, malgré nos protestations, et menaçant de couper ma retraite même vers la Suisse, ce qui entraînerait la perte de l'armée et de tout le matériel, j'ai dû me rendre à la dure nécessité de franchir les frontières. — Le matériel a presque effectué son passage à l'heure qu'il est. Le général Billot couvre la retraite avec trois divisions du 18e corps. »

Le 44e de marche avait traversé Pontarlier le 31 janvier, au milieu d'un encombrement indescriptible de voitures de réquisitions et de caissons. Les hommes ignoraient encore où on les conduisait : ils ne devaient apprendre que le lendemain soir la réalité.

Le régiment occupe d'abord le village de la Cluse : il est de piquet et se tient prêt à répondre au premier appel. Les deux forts de Joux et de Larmont le protègent. Bâtis à pic sur les rochers, ils dominent le village où l'arrière-garde va défendre pied à pied, corps à corps, les derniers remparts du Jura.

Le 1er février, vers onze heures du matin, l'action s'engage au col de la Cluse. Une quarantaine d'hommes de l'infanterie de marine commencent à refouler les Prussiens à la baïonnette et font une soixantaine de prisonniers. Le 1er et le 3e bataillons du 44e se portent en avant pour renforcer cette infanterie; le 2e bataillon, avec le commandant de Carrère, est détaché en ligne de tirailleurs sur les crêtes, près des forts.

Tout à coup, le convoi qui vient de Pontarlier apparaît dans le défilé et y est entièrement bousculé. La confusion est extrême, c'est un pêle-mêle effroyable, un épouvantable chaos. Les chevaux tombent, tués ou blessés, les voitures s'enchevêtrent les unes dans les autres; les conducteurs, qui pour la plupart sont des cultivateurs réquisitionnés des environs de Nevers, essaient vainement de dégager les attelages et prennent la fuite dans un sauve-qui-peut général. Des tonneaux d'eau-de-vie, troués par les balles, laissent échapper un jet d'alcool que des hommes à plat ventre, en dépit de la fusillade infernale qui pétille autour d'eux, boivent avidement pour reprendre vigueur et se donner une énergie momentanée. Les Prussiens profitent naturellement de ce désordre inexprimable; des hauteurs du col, abrités par d'énormes sapins, ils massacrent nos soldats sans que ceux-ci puissent même les apercevoir.

Au tournant du défilé, sur la voie ferrée, près de la maisonnette d'un garde-barrière, la lutte a un caractère particulier de ténacité. Les troupes de réserve qui défendent ce poste savent que le général Clinchant comptent sur elles et tiennent à justifier jusqu'à la dernière extrémité le périlleux honneur dont elles ont été l'objet. Le terrain, très restreint en cet endroit, est couvert de morts et de blessés; Prussiens et Français s'y coudoient dans le râle et l'agonie, parmi des chevaux, des bœufs et des vaches qui, eux aussi, sont tombés dans l'effrayante mêlée. Les voitures de bagages, renversées, brisées, encombrent le passage. On les utilise pour la résistance, on s'y fortifie pour empêcher l'ennemi d'avancer, on s'y fusille de l'une à l'autre à bout portant. Les soldats s'y succèdent sans souci du danger, car, garantis d'un côté, ils sont frappés de l'autre par la grêle de balles qui s'abat sur leurs têtes. Ils piétinent pendant de longues heures dans la neige et dans le sang; ils enjambent les cadavres, tantôt pour avancer de quelques mètres, tantôt pour céder pas à pas le terrain.

Les généraux Bonnet, Billot et Robert, qui assistent à ce combat héroïque, n'ont pour abri qu'un pan de rocher faisant saillie. Le digne commandant de Gorincourt, du 3e bataillon du 44e de marche, est tué avec son cheval en arrivant au feu : les balles font rage à ce moment, et plusieurs à la fois lui fracassent la tête et lui traversent la poitrine. Le colonel Achilli, qui commande le régiment, un soldat sévère, mais aussi juste que brave, est lui-même mortellement blessé par une balle qui lui perfore les intestins, et il expire quelques instants plus tard, dans d'horribles souffrances, à la mairie de la Cluse, où, le matin, était son cantonnement. Malgré deux blessures encore saignantes, l'une au pied, l'autre à la cuisse, reçues à Juranville et à Villersexel, ce vaillant officier n'avait point voulu abandonner son poste et, stoïquement, il avait continué d'entraîner ses hommes pour mourir, dernière victime marquante de la guerre, aux coups de feu qui devaient clore le drame néfaste de l'année sanglante.

Le général Billot, commandant en chef du 18e corps, lui rendait d'ailleurs hommage en ces termes, dans une dépêche adressée à la Délégation de Bordeaux : « Nous avons à regretter la perte du brave colonel Achilli, du 44e de marche, qui, avec deux blessures ouvertes, reçues depuis longtemps, n'a pas cessé un seul jour de conduire son régiment au feu. »

Cependant, vers trois heures, la fusillade est suspendue de part et d'autre. Les Allemands eux-mêmes demandent à parlementer, et un de leurs officiers supérieurs, accompagné d'un homme portant le drapeau blanc, s'avance vers le groupe de nos officiers généraux. — « A quoi bon nous battre maintenant? leur dit-il, au nom du général de Manteuffel. Qu'avez-vous à espérer? Il ne vous reste plus qu'à vous rendre.... » — Le général Robert, sec et de haute taille, se détache de quelques pas de ses compagnons d'armes, qu'il dépasse de la tête, et répond simplement, froidement au parlementaire prussien : « Pardon, monsieur! Il nous reste encore à mourir honorablement pour notre pays[1]! »

La lutte reprend donc, plus acharnée et plus furieuse encore. Des compagnies se reforment sous une pluie de balles, et les combattants, adossés aux rocs, tirent jusqu'à la dernière les cent dix-sept cartouches dont chaque homme était pourvu le matin.

Les munitions épuisées, le général Billot crie aux soldats du 44e de marche de battre en retraite sur le village, et accom-

1. Ces paroles sont également prêtées à l'amiral Pallu de la Barrière, qui commandait l'arrière-garde d'infanterie au col de la Cluse. Mais d'après le récit que nous ont fait de l'incident des témoins oculaires, qui connaissaient parfaitement l'ancien colonel du 44e de marche, promu général après Villersexel, elles furent réellement prononcées par le général Robert, entouré du général Billot et du général Bonnet.

pagnés par une grêle de projectiles, éclaboussés par la neige rougie de sang, tiraillant encore avec les cartouches dont ils dépouillent les morts et les mourants, ce n'est qu'à regret que ces vaillants quittent leur poste. Le 42e régiment, qui doit les remplacer, ne peut avancer devant les renforts qu'a reçus l'ennemi, et continue de combattre derrière les barricades élevées hâtivement à l'entrée du bourg. Retirés sous les forts, pendant que le reste des troupes gagne la frontière, les hommes de ces deux régiments y passent une partie de la soirée, n'ayant rien pour se réconforter, si ce n'est quelques boîtes de conserves ramassées dans les voitures que la bagarre a mises en pièces. C'est dans la nuit seulement que l'arrière-garde du 18e corps entrait en Suisse.

Ce combat meurtrier fut le dernier acte de la guerre, l'épilogue glorieux de la lutte tragique inaugurée à Wissembourg. Il nous coûtait un millier d'hommes environ, les Allemands en avaient perdu quatre cents. Mais grâce au dévouement héroïque de la poignée de braves qui, dans une convulsion suprême, défendirent le col de la Cluse, le salut de ce qui survivait de l'Armée de l'Est fut assuré, notre artillerie put être sauvée : avec le général Clinchant, 88 000 soldats, 2 000 officiers, 11 000 chevaux et 285 pièces de canon passèrent la frontière, — débris mutilés des 174 bataillons et 63 escadrons qui s'étaient mis en campagne, avec 396 bouches à feu.

On juge du plaisir que Commandeur et ses camarades Asseline et Lacoffe, qui avaient essuyé le feu de onze heures du matin à quatre heures du soir, éprouvèrent en se retrouvant sains et saufs après une telle journée. Dejouy et Legros, restés en arrière dans le trajet de Besançon à Houtaud, suivirent les convois, comme un grand nombre d'autres soldats, et ne tardèrent pas à les rejoindre. — Et sur la terre d'Helvétie, généreuse et hospitalière, petite par ses dimensions, mais grande par son œuvre d'humanité, ils allaient se reposer des duretés de cette épouvantable campagne et ne plus désespérer maintenant de revoir leur pays natal....

VII

AU DELA DE LA FRONTIÈRE

Le 2 février, vers quatre heures du matin, le 44e de marche, avec ce qui restait de l'extrême arrière-garde, entrait en Suisse par les Verrières.

La convention signée la veille entre le général Herzog, commandant en chef de l'armée de la Confédération, et le général Clinchant, portait que l'armée française, en pénétrant sur le territoire suisse, y déposerait ses armes, équipements et munitions, lesquels seraient restitués à la France après la paix et après le règlement définitif des dépenses occasionnées à la Suisse par le séjour des troupes françaises; qu'il en serait de même pour le matériel et les munitions d'artillerie; que les chevaux, armes et effets des officiers seraient laissés à leur disposition, des mesures ultérieures devant être prises à l'égard des chevaux de troupe; que les voitures de vivres et de bagages, après avoir déposé leur contenu, retourneraient immédiatement en France avec leurs conducteurs et leurs chevaux; que les voitures du trésor et des postes seraient remises avec tout leur contenu à la Confédération helvétique, qui en tiendrait compte lors du règlement des dépenses; que la Confédération enfin se réservait la désignation des lieux d'internement pour les officiers et pour la troupe. Le Conseil fédéral était chargé d'indiquer les prescriptions de détail destinées à compléter les dispositions de cette convention, dont l'exécution devait avoir lieu en présence d'officiers des deux pays désignés à cet effet.

Les soldats, après avoir passé la frontière, déposaient donc en énormes tas, comme le font les bûcherons du bois de chauffage, leurs fusils avec la baïonnette au canon, leurs gibernes, cartouches et cartouchières; les cavaliers amoncelaient leurs sabres, leurs pistolets et leurs revolvers.

Ce ne fut pas, pour tous, sans un serrement de cœur profond que s'effectua ce désarmement. Mais la fortune était contre nous. L'armée de l'Est, comme l'armée de la Loire à Coulmiers, avait débuté par un succès à Villersexel, et, comme elle aussi, n'avait connu ensuite que des revers. Mieux valait d'ailleurs ce sacrifice pénible de mettre bas les armes en pays neutre, que de tomber aux mains de l'ennemi pour aller grossir en Allemagne le nombre considérable de soldats français qui, impitoyablement traités, y gémissaient en captivité.

Aux Verrières-Suisse, les fourriers de chaque régiment dressèrent un état nominatif, par compagnie, des hommes présents le jour de l'internement, et la liste établie permit de constater les pertes.

Le 44e de marche qui, lors de sa formation à Angoulême, comptait 3600 hommes, se trouvait réduit à 900 hommes environ : 2700 manquaient à l'appel, tués, blessés, disparus ou prisonniers. De Beaune-la-Rolande à Belfort, et d'Héricourt à Pontarlier, il avait perdu le long des routes, dans les combats qu'il avait livrés, et sur les plateaux neigeux du Jura, les trois quarts de son effectif. La compagnie de Commandeur, forte de 215 hommes au début de la campagne, n'en avait plus que 61 en arrivant sur le territoire helvétique.

Les soldats de la milice fédérale et tous les habitants de la petite République accueillirent nos troupes avec les élans généreux de la plus vive sympathie et de la plus profonde pitié. Pauvre armée, en effet, où les officiers marchaient en sabots et en pantoufles, où les hommes, en haillons, les pieds gelés et emmaillotés de lambeaux d'étoffe, se traînaient, pâles, exténués, mourants, dans une confusion que tout narrateur est impuissant à peindre! Quelles plaies et quelles misères roulait ce flot disparate de mobiles encore imberbes, de dragons et de lanciers, de francs-tireurs et de turcos, de spahis et de zouaves, — cette cohue lugubre d'êtres décharnés, aux yeux ternes, à la face livide, qui, dans une poussière de neige glacée, défilaient d'un mouvement machinal, inertes, stupéfiés, ne voyant rien, ne sachant où ils allaient, n'ayant même plus l'énergie du désespoir! Et ces voitures disloquées, branlantes, ces fourgons cahotants, à demi brisés, remplis de fiévreux, de malades et d'estropiés, que s'efforçaient de tirer des haridelles d'une épouvantable maigreur, qui, les naseaux sanglants, la queue et le cou dégarnis de crins, les jambes flageolantes, s'abattaient à tout moment entre les brancards pour ne plus se relever, quel navrant spectacle n'offraient-ils point!

Une immense compassion s'empara de tous les cœurs, des larmes jaillirent de tous les yeux, quand la population suisse vit tant de maux et de douleurs. Mais ce sentiment de commisération, dès la première heure, se traduisit chez elle par un mouvement admirable de charité internationale et de touchante humanité. Les femmes se précipitaient au-devant des soldats, pansaient leurs blessures, lavaient leur visage, réchauffaient leurs pieds et leurs mains endoloris. Le long des routes, une foule empressée accourait, offrant des vivres, des vêtements, des chaussures, du tabac, des liqueurs, de l'argent même, aux réfugiés et aux vaincus. On donna tout ce qu'on possédait; — et quand de malheureux troupiers disaient à des paysans aussi misérables qu'eux : « Mais vous ne gardez pour vous aucune provision! » les braves gens répondaient dans la simplicité de leur foi : « Ne craignez rien : Dieu y pourvoira! »

De tous les points du pays, on s'ingénia pour procurer le nécessaire à notre armée, pour subvenir à ses besoins. Il fallait chaque jour 45 000 kilogrammes de pain, 150 bœufs, 600 quintaux de paille, 500 quintaux d'avoine. Le Gouvernement fédéral avait demandé 15 millions pour ce formidable approvisionnement : le seul canton de Zurich en souscrivit 27, la Suisse entière 106.

Les journaux allemands, qui ne désarmaient pas, aiguisaient leur esprit pesant à railler de sa pitié la population helvétique. Une gazette d'Ulm, qui aurait pu ne point oublier la honteuse capitulation du général Mack, en 1805, s'écriait même, l'injure à la plume : « Tant mieux pour la Suisse, si *la canaille de l'armée de Bourbaki* est chez elle! Elle verra s'il est facile de traiter de *telles gens*, et ce qu'il lui en coûtera! » —

L'*Helvétie*, narquoise, ripostait d'ailleurs : « Que le journal de Souabe se rassure! Les Français seront mieux traités dans notre libre Suisse, que ne le sont les mangeurs de saucisses et de choucroute dans leur propre pays!... »

Dès le 2 février, on remit aux soldats la solde pour dix jours, et on les plaça sous le commandement des chefs de l'armée fédérale. Vers midi, à l'assemblée, les officiers français, qui devaient voyager par chemin de fer, dirent adieu à leurs hommes, le cœur serré, la plupart avec des mots coupés par l'émotion, étranglés par les sanglots, dans lesquels se manifestait l'espoir d'être réunis en des temps meilleurs, pour travailler ensemble au relèvement de la Patrie.

Puis, les colonnes se formèrent, et cette masse d'hommes, en un défilé interminable, s'engagea dans la vallée, entre les deux branches du Jura, semant sur le chemin des traînards et des blessés, de frêles enfants à peine sortis de l'adolescence, et que les épreuves d'une campagne atroce et d'un hiver sibérien avaient littéralement anéantis. Le soir encore, il fallut bivouaquer, car les villages où l'on s'arrêta regorgeaient de soldats et ne disposaient de locaux que pour un petit nombre. Mais la douceur et la prévenance des officiers fédéraux, le zèle des médecins suisses, l'accueil libéral et hospitalier de tous les habitants, dès cette première étape, atténuèrent bien des souffrances.

Nous suivrons la colonne de Commandeur dans sa marche vers l'Argovie. Le 3, elle fait halte au bourg de Val-Travers, perché à une altitude de 729 mètres, environné de mines d'asphalte. Presque entièrement détruit par un grand incendie cinq ans auparavant, en 1865, le village se reconstituait, et la population est heureuse d'en faire les honneurs à nos soldats, en leur ouvrant toutes grandes les portes des maisons nouvellement rebâties. On pousse ensuite jusqu'à Noiraigues, encaissé dans la montagne, où l'on trouve un gîte pour la nuit dans des scieries de bois de sapin et des fabriques d'horlogerie.

Le lendemain, il faut gravir des sentiers escarpés pour atteindre la grande route, qu'on voit serpenter entre les rocs à trois ou quatre cents mètres au-dessus du clocher. Mais quand, près de Brogt, ils parviennent au point culminant de la côte, les soldats restent frappés de surprise et d'admiration. Devant eux, aussi loin que l'œil peut porter, se déroule un panorama splendide : une suite ininterrompue de montagnes, d'élévation différente, les unes aux croupes dénudées, les autres aux sommets couverts de neige, que radient de reflets adoucis les pâles rayons du soleil de février. Sous leurs pieds, dans la profondeur de précipices effrayants, surplombent des rochers énormes, accrochés aux parois de l'abîme comme par un miracle d'équilibre.

Trop tôt, à leur gré, le clairon les arrache à ce spectacle pour les entraîner vers Neuchâtel. D'aspect assez élégant, la ville occupe, sur le lac du même nom, à l'embouchure du Seyon, une situation agréable, que domine la colline sur laquelle est édifié le château, résidence du gouvernement cantonal. Un peu morte d'habitude, elle présente ce jour-là une animation inaccoutumée. De tous les environs, la foule est accourue ; — et sur les promenades, dans les rues, du seuil des maisons pour la plupart bâties en pierre jaune, des mains se tendent vers les Français, pleines de provisions

NEUCHÂTEL

offertes avec de chaudes étreintes et d'encourageantes paroles. Le soir, quand les soldats sont consignés dans les salles d'étude du gymnase et d'autres établissements d'instruction, de nombreuses personnes, des dames accompagnées de leurs enfants, viennent leur distribuer des aliments chauds, leur verser une tasse de chocolat ou de thé fortifié de rhum, leur remettre une bouteille de Cortaillod, vin rouge très estimé d'un des villages du canton, et les approvisionner de cigares et de tabac.

Le 5, l'étape se poursuit à pied jusqu'à Bienne. Il n'est pas possible, comme on l'espérait, d'utiliser le chemin de fer avant quelques jours. Mais de braves gens remorquent sur des traîneaux les hommes qui ne peuvent désormais supporter les fatigues de la route. A ceux-là d'ailleurs, les médecins délivrent à l'arrivée des billets de transport pour le lieu d'internement.

A Bienne, sur la Suze, une des villes les plus curieuses du canton de Berne et de la Suisse même, par ses maisons de vieux style, bizarrement peintes, ses fontaines d'un goût original, les costumes singuliers et les usages de ses habitants, les soldats passent la nuit dans les églises et dans un temple, où l'on a disposé des lits de paille nouvelle pour qu'ils puissent s'étendre et se garantir du froid. La petite cité se souvient, du reste, qu'elle a été française de 1797 à 1815, et ce sont d'anciens compatriotes qu'elle accueille avec la plus touchante libéralité. Non seulement elle leur offre des vivres, mais encore du linge et des chaussures, des pantalons et des paletots, des chemises et des mouchoirs.

La colonne, maintenant, va pénétrer dans la Suisse allemande, et si les populations se montrent à son égard aussi charitables et aussi dévouées que celles des districts précédemment traversés, l'aspect du pays change d'un village à l'autre, dans le genre de construction des habitations, dans

SOLEURE

les allures et la manière de se vêtir des indigènes, dont beaucoup portent déjà, suspendue au col, la grosse pipe de faïence des fumeurs d'outre-Rhin. Puis, le français ne s'entend plus, la langue tudesque est seule en usage, et nos soldats ne parviennent à se faire comprendre qu'avec difficulté, à l'aide d'une mimique qui se traduit souvent par d'étranges quiproquos.

Le 6 au soir, on s'arrête à Soleure, qui est la *Solothurn* du langage allemand, et qui, selon la tradition, serait, après Trèves, la plus ancienne ville des Gaules. Bâtie près de la base du Jura helvétique, sur les deux rives de l'Aar, affluent gauche du Rhin, que traversent deux ponts en fer et un viaduc en pierre, cette cité de huit mille âmes occupe d'ailleurs une situation charmante, bien que la suppression de ses remparts ait nui à son originalité, — et on conçoit que le héros de l'indépendance polonaise, Kosciuszko, se soit réfugié dans ce coin pittoresque pour y mourir en 1817.

Des cuisines en plein vent ont été improvisées pour recevoir convenablement les Français, et des soldats suisses y préparent la soupe en attendant l'arrivée de leurs infortunés camarades. Pour la nuit, on met à leur disposition une caserne nouvellement construite, sur les bords de la rivière, et même la remarquable cathédrale, consacrée à saint Ours, — un des combattants de cette fameuse légion thébaine, qui, au temps de Dioclétien, se laissa massacrer tout entière en Helvétie plutôt que de sacrifier aux dieux du paganisme.

On part d'assez bonne heure le lendemain matin, car il faut brûler le pavé jusqu'à Aarburg. Après une halte à Wangen, village situé à 408 mètres d'altitude, sur la Dünneren, — où la plupart des habitants, employés dans les ateliers de chemins de fer, les grandes fabriques de machines à vapeur, les bonneteries, tanneries et papeteries d'Olten, ont cessé le travail pour ne pas se dérober au devoir sacré de l'hospitalité, — la colonne se remet péniblement en marche. Mais Commandeur et son camarade Asseline, les pieds meurtris et à moitié gelés, ne vont que cahin-caha, s'appuyant sur un échalas

UNE PORTE D'AARAU

arraché dans les vignes, sollicitant du geste, au passage, pour étancher leur soif, une tasse de lait d'une brave fermière qui, émue de leur détresse, les conduit elle-même à son étable et trait aussitôt ses vaches ; — et ce n'est qu'à la nuit noire, avec l'arrière-garde du détachement, qu'ils atteignent Aarburg, construite sur un rocher, au confluent de la Wigger et de l'Aar, quand déjà les autres soldats sont casernés dans la citadelle de cette petite place forte, dont l'ancien château sert d'arsenal.

Un officier suisse, accompagné d'un porte-falot, fait gravir aux retardataires des escaliers creusés dans le roc. Mais toutes les chambres de la forteresse sont occupées et bondées par les premiers arrivés, chasseurs à pied, fantassins, zouaves, mobiles, artilleurs, cavaliers, étendus en tous sens, confondant leurs uniformes, et il n'est pas facile de trouver place. Les deux amis cependant, grâce à un employé qui a le respect du grade et qui reconnaît les insignes du caporal et du fourrier, peuvent se caser dans un cabinet réservé, chauffé par un calorifère et garni de deux lits en paille, où ils passent une excellente nuit, après s'être rassasiés d'une forte ration de riz et de pommes de terre.

Le 8 février, la colonne se divise. 500 hommes en sont détachés dès le matin et se rendent dans une ville voisine d'Aarburg, qui leur a été assignée comme place d'internement.

Les 329 autres restent consignés dans la citadelle, véritable prison dont on leur ouvre bientôt les portes pour les diriger sur Brugg, par chemin de fer.

Dans une vallée fertile, mais souvent ravagée par les

débordements de l'Aar, ils aperçoivent, en passant, le chef-lieu du canton d'Argovie, Aarau, qui possède, leur dit-on, une fonderie de canons et de cloches et une bibliothèque des plus riches en manuscrits sur l'histoire de la Suisse. — Le soir, ils descendaient à Brugg.

VIII

EN ARGOVIE.

C'est donc en Argovie — le pays de l'Aar, — un des vingt-deux cantons de la Confédération suisse, limité au nord par le Rhin, qui le sépare du grand-duché de Bade, et dont la plupart des habitants sont de race allemande, que Commandeur et ses camarades allaient être définitivement internés.

Région montueuse, aux sommités peu accentuées — le Wasserfluh ne dépassant pas 870 mètres, le Gyslifluh, 774, le Wülpelsberg, 530, — le climat y est sain, quoique sujet à de brusques variations de température, en particulier dans les vallées alpines, où se rencontrent un assez grand nombre de goitreux et de sourds-muets. Le sol, planté de vignes sur une étendue de deux mille hectares, en est généralement fertile, et l'agriculture, perfectionnée, y laisse peu de terrains incultes. De belles routes en sillonnent le territoire, qui est arrosé par de longues rivières navigables, l'Aar, roulant des paillettes d'or, la Reuss, la Limmat.

A la gare de Brugg, les autorités civiles et militaires

accompagnées d'une partie de la population, attendaient les soldats français.

Chef-lieu d'un district qui comprend 25 communes, cette petite ville ne compte guère plus de 1 300 âmes. Bâtie sur l'Aar, près de sa jonction avec la Reuss et la Limmat, à 20 kilomètres nord-est d'Aarau, et sur le chemin de fer de Berne à Zurich, elle est entourée d'anciennes murailles et se dresse à 350 mètres d'altitude. On y remarque une Tour Noire, de fondation romaine, restaurée au xve siècle, et un pont d'une seule arche hardiment jeté sur un des gouffres de l'Aar. Elle a des filatures de coton, une fabrique de tabacs, et fait surtout le commerce des blés et du sel.

Les officiers de l'armée fédérale, sous les ordres du capitaine Fischer, commandant de place, répartissent, dès l'arrivée, le détachement en deux groupes : 220 hommes sont logés dans la caserne des pontonniers et 109 dans une autre caserne d'infanterie, où, pour coucher, ils ont le lit de camp et la paillasse.

La journée du 9 est consacrée d'abord à un nettoyage complet et vraiment nécessaire, puis à la composition et à la formation des contrôles.

Les sergents Jeanney, des mobilisés de la Haute-Saône, Commandeur et Perrier, du 44e de marche, sont chargés d'établir les escouades et chacun d'eux est placé à la tête d'une compagnie. Le service de police est assuré par les soldats fédéraux qui tiennent le poste dans chaque caserne. Pour la cuisine, on adjoint aux Suisses ceux des Français qui connaissent la langue allemande.

Le 12, on remet aux chefs de compagnie le tableau des

ordres journaliers : à six heures, réveil et travaux de propreté ; à sept heures, appel et distribution des lettres ; à huit, déjeuner ; à dix, rapport des sergents chez les officiers suisses ; à midi et à trois heures, appel ; à six heures, rentrée au quartier et dîner ; à sept heures, dernier appel ; à dix heures enfin, extinction des feux.

Tous les cinq jours, chaque sergent touche le prêt de sa compagnie : vingt-cinq centimes de solde quotidienne pour les sous-officiers, caporaux et soldats, quatre francs pour les officiers subalternes. A titre personnel, pour les services qu'ils rendent, une carte leur est délivrée qui leur permet, après l'appel du soir, de circuler dans la ville jusqu'à neuf heures. Les soldats, eux, encourent la salle de police et même la prison si leur présence à la caserne n'est pas constatée à l'heure réglementaire de tout appel.

Entre temps cependant, ils ont la liberté de sortir de Brugg, et ils en profitent, après avoir visité les établissements et les monuments de la ville, la plage où se tient l'école des pontonniers, les magasins du matériel, pour explorer la campagne environnante.

Ils se plaisent à suivre les sinuosités bizarres de l'Aar, à contempler la rapidité étonnante de son cours, à tirer de son lit des cailloux arrondis, polis par leur roulement incessant sur les rocs, de chute en chute, d'abîme en abîme, et striés de rayures diversement nuancées.

A deux kilomètres, à l'est, ils vont au village de Windisch, édifié sur la langue de terre que forment, à leur confluent, la Reuss et l'Aar, et sur les ruines mêmes de l'ancienne *Vindonissa* — d'où le nom actuel de la localité, — l'une des places fortes principales de l'Helvétie romaine, détruite au ve siècle, où se reconnaît distinctement la situation de l'amphithéâtre et où un aqueduc souterrain, datant de cette époque, alimente encore une fontaine publique.

Aux environs, toujours sur la Reuss, ils examinent l'hospice cantonal d'aliénés de Königsfelden, ancienne abbaye fondée par l'impératrice Élisabeth, à l'endroit même où son mari, l'empereur Albert Ier d'Autriche, fut assassiné en 1308, — et qui rappelle, en même temps, le souvenir de l'horrible vengeance qu'exerça cette femme, laquelle, aidée de sa fille Agnès, épouse du roi de Hongrie, André III, fit mettre à mort près de mille personnes, coupables seulement d'être parentes des assassins. L'église, dont le chœur est resté consacré au culte, frappe nos soldats par sa tristesse et sa nudité; ils y remarquent pourtant des vitraux du XIVe siècle, et les dalles tumulaires, dont elle est pavée, de soixante des principaux chevaliers tués à Sempach, — où les Suisses, le 9 juillet 1386, remportèrent, sur l'archiduc autrichien Léopold, la victoire célèbre illustrée par le dévouement d'Arnold de Winkelried.

Chaque jour amène ainsi son excursion. On se rend à Schinznach, à six kilomètres sud-ouest de Brugg, au pied du Wülpelsberg, station thermale très fréquentée, où, dans le grand établissement de bains, près de 200 internés français, malades ou blessés, vont être soignés et la plupart guéris, — 22, malheureusement, devant y succomber à leurs maux [1].

1. Le 8 juillet 1901, dans le cimetière de Birr, où ils reposent, a été inaugurée une statue élevée à la mémoire de ces 22 soldats. Une subvention du gouvernement français et une souscription, alimentée, d'année en année, par les hôtes de Schinznach, ont permis l'exécution de ce monument, œuvre

A peu de distance de là, au sud, on grimpe au sommet du Wülpelsberg, pour visiter les restes du vieux château de *Habichtsburg* — le château des Autours, — qui fut le berceau de la maison de Habsbourg, et qu'avait fondé, vers 1020, l'évêque de Strasbourg, Werner, véritable tige de cette

BRUGG : VUE GÉNÉRALE

famille. On regarde, curieusement, sur le donjon qui subsiste, deux pièces de canon, chargées à blanc, qu'un veilleur de jour et de nuit, quand un incendie éclate aux alentours, fait partir pour donner l'alarme et requérir les secours.

On traverse ensuite la vaste plaine, appelée le *Birfeld*, qui entoure Birr, première demeure de Pestalozzi, où un monument lui a été dressé. Dans le voisinage, on voit encore le

de l'artiste Bartholdi, le sculpteur du Lion de Belfort. — La statue, en bronze, représente une femme tenant une couronne de laurier, témoignage de la Patrie reconnaissante aux enfants qui sont morts pour elle.

château de Bruneck, possession baronniale du fameux Gessler, immortalisé par la légende de Guillaume Tell.

Quelquefois des promenades militaires sont organisées, auxquelles tous les hommes valides prennent part, et on s'éloigne davantage de Brugg : à l'est, à six kilomètres, vers Baden, qu'il ne faut pas confondre avec la Bade du Grand-Duché; au nord, vers les bords du Rhin, jusqu'à la frontière, en face de Waldshut; au nord-est, vers Rheinfelden, chef-lieu d'un district où le capitaine Fischer, commandant de place, est à la tête d'une fabrique importante de tabacs.

A Baden, petite cité de 3400 âmes, entourée d'anciennes murailles et resserrée dans un défilé étroit, nos soldats voient l'Hôtel de Ville, monument du xve siècle, dans lequel fut conclu en 1714, entre le prince Eugène de Savoie et le maréchal de Villars, le traité qui, avec ceux d'Utrecht et de Rastadt, termina la guerre de la Succession d'Espagne, — et aussi l'église paroissiale qui fut témoin, en 1526, d'un colloque fameux entre les Catholiques et les Réformés. Sur une éminence voisine, le mont Saint-Martin, ils remarquent les restes d'un vieux château fort des archiducs d'Autriche, détruit en 1415, d'où les Habsbourg, au moyen âge, dirigeaient leurs expéditions contre les confédérés. Ils passent la Limmat sur un pont couvert et visitent le vaste établissement de bains, très fréquenté, qui utilise vingt-deux sources thermales de 41 à 50 degrés.

De la rive gauche du Rhin, qui les sépare du grand-duché de Bade, ils aperçoivent les montagnes de la Forêt-Noire, dont les limites sont nettement indiquées, au sud et à l'ouest, par le cours même du fleuve. Ils distinguent les grands bois

BADEN EN ARGOVIE

de pins et de sapins, qui ont valu le nom à l'ensemble du groupe ; les croupes nues des hautes cimes, qui se suivent en rangées sinueuses, au-dessus de la zone des forêts; les neiges épaisses, qui en couvrent les points culminants pendant huit ou neuf mois de l'année. Et devant leurs yeux, presque au centre du massif méridional, entre Waldshut et Fribourg-en-Brisgau, se profile, à 1 497 mètres d'altitude, entouré de petits lacs et de profondes vallées, le sommet du Feldberg, pic le plus élevé de la chaîne.

A Rheinfelden, bâtie sur l'emplacement d'une ancienne cité romaine, et qui était autrefois une des quatre places fortes du Brisgau autrichien, nos soldats admirent l'aspect encore féodal de la ville, dont les fortifications ont été rasées par les Français en 1644, à la suite des deux combats livrés contre les Impériaux, six ans auparavant, par Bernard de Saxe-Weimar, et où fut blessé mortellement le duc Henri de Rohan. Ils franchissent le Rhin par un pont de bois appuyé sur un rocher qui, situé au milieu du fleuve, porte les ruines du château de *Stein*, détruit par les Suisses en 1445. En amont et en aval, ils sont effrayés des rapides dangereux — véritables gouffres infernaux appelés *Höllenhaken* — que forme par endroits le courant. Aux environs, ils s'arrêtent devant des salines activement exploitées.

De leur promenade en cette ville curieuse, qui n'appartient à la Suisse que depuis 1801, les sergents Jeanney, Commandeur, Vallois et Chapotot veulent emporter un souvenir, et ils se font, près d'un site pittoresque, photographier en groupe.

En dehors de ces sorties, peu d'incidents notables rompent

la monotonie des jours de l'internement. C'est une fois, pourtant, un aumônier du 18e corps d'armée qui vient à Brugg visiter les réfugiés et les encourager. Tous assistent à la messe, célébrée dans le temple protestant, où, sans distinction de culte, les suivent un grand nombre d'habitants; et le sermon qu'ils entendent sur les revers de la Patrie, les souffrances personnelles de ses enfants, l'espoir invincible de la voir se régénérer, et de sa grandeur encore étonner le monde, les attendrit profondément et les émeut jusqu'aux larmes.

C'est parfois aussi la perte d'un camarade, — Person, par exemple, du 12e bataillon de chasseurs de marche, qu'on trouve mort un matin dans son lit, et que tous les internés, accompagnés d'une partie de la population et précédés du bourgmestre, du conseil communal et d'un piquet de soldats suisses rendant les honneurs militaires, conduisent tristement au champ du dernier repos.

Après la signature des préliminaires de paix, quand on apprend au delà du Rhin qu'ils ont été ratifiés le 1er mars par l'Assemblée nationale, malgré la protestation douloureuse des députés de l'Alsace et de la Lorraine, les Français casernés à Brugg perçoivent nettement l'écho des coups de canon tirés en signe de réjouissance à la frontière du grand-duché de Bade, — et ces détonations allemandes, qui leur annoncent la rançon du pays et le démembrement de la Patrie, leur brisent le cœur et les font rugir de rage impuissante.

Quelques jours avant de quitter la Suisse, une surprise était réservée aux sous-officiers et aux gradés. On les emmène une dernière fois à Schinznach, où une petite fête est organisée en leur honneur. Dans une salle joyeusement décorée, toutes les jeunes filles du bourg, parées de leur plus joli costume national, de leurs broches et de leurs chaînettes d'argent, attendent nos troupiers pour l'ouverture du bal. Et jusqu'au soir, aux sons d'un orchestre entraînant, les danses scandent leurs pas rythmiques, les valses succèdent aux polkas, gaies, animées, gracieuses, au milieu des rires que provoque dans les couples l'interprétation souvent erronée d'un langage différent, l'impossibilité même de se faire comprendre; — et pour terminer, la *Marseillaise* mêle ses strophes vibrantes à l'air pastoral et rustique du *Ranz des Vaches*.

Le 17 mars enfin, veille du départ, les officiers de l'armée fédérale, les magistrats de la ville, les membres du comité de secours aux internés, — et parmi eux, le commandant de place Fischer, le capitaine Angst, maire de Brugg, MM. Veugtlin, président du tribunal, Schumacher, administrateur des postes, Karly, négociant, etc., — offrent un banquet d'adieux à tous les soldats français.

Réunion simple et touchante, dans laquelle s'affirme entre deux peuples l'esprit de fraternité qui les unit. En termes empreints de la plus franche amitié, les Suisses parlent, au moment des toasts, de la pauvre France, meurtrie, déchirée, humiliée, mais dont le rôle, plus que jamais, est nécessaire au maintien de l'équilibre européen, et qui, forte de son droit, confiante en sa vitalité, en ses ressources immenses, en son crédit universel que des malheurs immérités ne sauraient longtemps diminuer, retrouvera bientôt son prestige et reprendra son rang à la tête des nations civilisées!

A ces allocutions, que les Français, debout et palpitants, accueillent par des applaudissements enthousiastes, les chefs de compagnie s'ingénient à répondre, plus avec l'émotion du cœur que par la recherche de la pensée ou l'éloquence de l'expression. — « Au nom, disent-ils, de tous les soldats internés ici, permettez, messieurs, à ceux que vous avez secourus et entourés des soins les plus fraternels, de vous remercier chaleureusement et de vous assurer de leurs sentiments de reconnaissance. De retour dans notre chère Patrie, nous nous rappellerons qu'à la frontière de l'Est existe un peuple ami, dont le souvenir nous sera désormais sacré, et que suivront toujours nos vœux de prospérité. — Merci à tous, officiers, magistrats, habitants de la bonne ville de Brugg, citoyens d'un pays libre! Vive la Suisse! Vive la France! Vivent les deux Républiques!... »

Le lendemain matin, le journal l'*Helvétie*, dans sa chronique locale, reproduisait à la fois en allemand et en français les paroles échangées au banquet, et le directeur en faisait remettre un exemplaire à chaque soldat.

Dès la première heure, l'animation est grande, ce jour-là, dans les casernes. On va partir, et les hommes font leurs préparatifs hâtivement. Bientôt l'appel sonne, les trois compagnies se forment, et la colonne, escortée d'une foule de braves gens de la ville et des environs, se met en marche vers la gare.

Le train venant de Baden est arrivé déjà. On envahit précipitamment les wagons, les mains se serrent dans une dernière effusion. Puis, quand siffle la locomotive, de toutes parts les mouchoirs s'agitent, les têtes se découvrent; — et dans le roulement des voitures, des acclamations affectueuses poursuivent encore nos soldats qui s'éloignent, emportés vers la Patrie....

IX

RETOUR

Maintenant, on roule sur le chemin de France, à l'heure même où la Commune est proclamée à Paris, où une lutte fratricide, après la guerre étrangère, si désastreuse, va épouvanter le pays pendant plus de deux mois, et ne prendra fin qu'à la suite de journées sanglantes dans les rues de la capitale.

On revoit au passage, en chemin de fer, Aarau, Soleure, Bienne, Neuchâtel. Mais de là, au lieu de continuer par les Verrières, on se dirige, en suivant les bords du lac, vers Granson, qui rappelle aux soldats érudits la victoire des Suisses sur Charles le Téméraire, en 1476, et où l'on s'approvisionne de ces cigares de fabrication locale dont nos voisins font un usage si abondant. Le soir, après un court arrêt à Cossonay, on descend à Morges, sur le lac Léman, dont le port, dessiné par Duquesne en 1680, peut contenir une centaine de barques, et dont l'arsenal, renfermant une partie de nos fusils et de nos munitions, avait sauté peu de temps après l'internement de l'armée.

Nos soldats reçoivent en cette ville le meilleur accueil, couchent dans les maisons, les hangars ou les écuries, et sont embarqués le lendemain matin sur des bateaux à vapeur qui font, en deux heures et demie, le service de Morges à Genève.

Commandeur, lui, est installé sur le *Bonivard*. Il n'a jamais entendu parler du patriote, illustré par Byron, qui s'opposa de tout son pouvoir aux entreprises du duc de Savoie, Charles III, contre l'indépendance de Genève, et qui, arrêté par ordre de ce prince, dépouillé de ses biens et jeté, en 1530, dans les souterrains du château de Chillon, n'en fut délivré qu'au bout de six ans par les Bernois. Mais il se laisse aller au bercement du bateau qui le rapatrie, et, pour ignorer d'où lui vient son nom, il n'en goûte pas moins les charmes de la traversée.

A peu de distance, à l'ouest de Morges, on lui indique le vaste donjon de Vufflens, construit, d'après la tradition, par la reine Berthe de Bourgogne, épouse de Robert le Pieux, et qui se dresse à une hauteur de cinquante mètres. Puis, ce sont les montagnes de la Savoie, les villages échelonnés sur la rive, les petits enfants qui jouent sur la plage et qui, de loin, saluent nos troupiers au cri de « Vive la France! » En approchant de Genève, ce sont encore les chalets pittoresques, les villas riantes, les châteaux imposants, dont la façade se reflète dans les eaux du lac.

Enfin, à l'extrémité inférieure du Léman, près de la frontière française, on débarque en cette ville, la plus importante et la plus peuplée de la Confédération helvétique, l'un des plus grands centres de la fabrication de l'horlogerie de luxe et de précision. Les rapâtriés restent à Genève une partie de la journée et peuvent admirer les beautés de la cité : sa situation d'abord, une des plus agréables du monde, sur les

CHÂTEAU DE VUFFLENS

rives d'un lac magnifique et d'un fleuve de premier ordre, en face d'un panorama splendide, des Alpes aux neiges éternelles que domine le pic géant de la chaîne ; le Rhône ensuite, aux eaux bleues et transparentes, qui forme en sortant du lac l'îlot de Jean-Jacques Rousseau, surmonté de la statue du philosophe par Pradier ; les nombreux ponts qui font communiquer les deux rives du fleuve, — notamment, au point de séparation du Léman, celui du Mont-Blanc donnant accès à un quai superbe, — et les deux jetées aussi qui circonscrivent le port; la cathédrale, où sont les tombeaux d'Agrippa d'Aubigné et de Henri de Rohan; l'Hôtel de Ville, dont on peut atteindre à cheval les étages supérieurs à l'aide d'un chemin en spirale.

A deux heures de l'après-midi, les internés reprennent le chemin de fer, et cinquante minutes plus tard, après avoir traversé un long tunnel de quatre kilomètres, ils se trouvent en terre française, à Collonges, au pied du mont Credo, l'un des principaux sommets de la chaîne du Jura. Le train les emmène ensuite vers Bellegarde, Culoz, Aix-les-Bains, Chambéry, stationnant là deux heures avant de repartir pour Grenoble, où ils arrivent à dix heures du soir. C'est ici le point d'arrêt : de Grenoble ou de Bourg, les soldats de l'Armée de l'Est, revenus de Suisse, sont dirigés en effet sur leur régiment respectif.

*
* *

Dès le lendemain, les sergents-fourriers Commandeur et Chapotot sont requis par un capitaine de recrutement pour le triage des hommes appartenant aux différents corps et l'établissement des feuilles de route. Eux doivent aller rejoindre le 44e régiment de ligne, au camp de La Rochelle.

C'est à peine s'ils peuvent jeter un coup d'œil dans Grenoble, voir ses places et ses fortifications. Le 21 mars, ils sont dirigés par chemin de fer vers le lieu de leur destination, et pendant deux jours, le train les cahote de La Tour-du-Pin à Lyon, de Roanne et la Palisse à Moulins et à Montluçon, de Guéret et Saint-Sulpice-Laurière à Poitiers et à Niort. Le 23, au milieu de la nuit, le détachement descend à La Rochelle, et les hommes, rompus de fatigue, s'étendent tout habillés dans le grenier d'une auberge de marins, voisine de la gare.

GENÈVE : LE PONT DU MONT-BLANC.

Avant de se rendre au camp de Dompierre, éloigné de six kilomètres, ils visitent le port, l'un des plus sûrs de l'Océan, et parcourent la ville, qui a gardé la physionomie quelque peu austère de la cité de l'énergique Guiton. Ils en suivent les rues, peu larges, mais propres, bordées d'habitations anciennes, d'édifices ayant chacun son caractère particulier, et notamment la principale, avec ses maisons à porches ou à arcades, construites, semble-t-il, pour protéger les boutiques qu'elles abritent contre la variabilité du climat maritime. Ils remarquent l'Hôtel de Ville, qui présente à l'extérieur l'aspect d'une forteresse gothique, et s'attardent sur la vaste place d'Armes; ils admirent les tours de Saint-Nicolas, de la Chaîne, de la Lanterne, ainsi que la porte de la Grosse-Horloge, restes des fortifications du moyen âge, remplacées par l'enceinte actuelle, œuvre de Vauban. A marée basse, ils découvrent les vestiges de la fameuse digue de Richelieu, et de la promenade du Mail, longue pelouse plantée d'ormes séculaires, ils jouissent d'une vue magnifique à la fois sur la campagne et sur la mer, où apparaissent les îles de Ré, d'Aix et d'Oléron.

Le soir, au camp, le capitaine-trésorier Denéchaux inscrit sur les contrôles les nouveaux débarqués et les fait conduire à leur baraque. Le bâtiment est divisé à l'intérieur par une allée longitudinale, et de chaque côté, des planches forment les lits disposés en pente. Pour traversin, d'ailleurs, Commandeur a son sac, qui de toute la campagne ne l'a pas quitté et qui souvent lui a permis de reposer sa tête. Combien d'autres, ayant jeté le leur dans la mêlée ou dans la débandade, ont regretté ce pauvre « Azor », qui leur eût été si utile pendant les nuits de bivouac à travers les neiges du Jura!

Habillés de vêtements neufs, équipés et armés, les soldats du camp de La Rochelle, d'après ce qu'ils entendent, doivent être envoyés en Afrique. Mais ce bruit n'est pas confirmé, et le 1er mai, le régiment reçoit l'ordre de se rendre à Candale, près de Bordeaux, à l'exception de deux compagnies qui partent en détachement aux îles de Ré et d'Oléron, pour le service de garde des prisonniers de la Commune.

Commandeur, nommé sergent-fourrier titulaire à la 1re com-

MELUN

pagnie du 3e bataillon, suit le gros du régiment et note sur son carnet les villes principales où le train stationne, Rochefort, Saintes, Cognac, Angoulême. Arrivés le 2, en pleine nuit, les soldats traversent Bordeaux, et font à pied une étape de douze à quinze kilomètres pour gagner Saint-Médard-en-Jalles, puis Candale, où ils prennent leurs cantonnements. Le camp, installé dans des terrains sablonneux et incultes, où poussent la bruyère et la fougère, les sapins et les genévriers, est formé de baraquements en planches plus confortables que ceux de La Rochelle. Mais les nuits y sont fraîches, tandis que la chaleur du jour y est parfois incommodante.

Le 25 mai, de grand matin, le clairon sonne la diane : l'ordre est donné de marcher sur Paris, où une lutte violente est engagée entre l'armée et les fédérés de la Commune. On fait la soupe à la hâte, on s'apprête et on part. Le régiment, consigné à la gare de Bordeaux, quitte la ville vers midi, et par la ligne de Périgueux, Limoges, Montluçon, Moulins et Nevers, arrive à Melun au moment où les révoltés, à la lueur des incendies qu'ils ont partout allumés, viennent d'être définitivement réduits.

Ce sont les premiers soldats français qui, depuis la fin de la guerre, vont tenir garnison en cette ville, et à leur sortie de la gare, le Préfet, le maire, les délégués du conseil municipal et une partie de la population les acclament et les accompagnent jusqu'au quartier de cavalerie.

Les Prussiens et les Bavarois occupaient encore, à Melun, la rive droite de la Seine. Des fonctionnaires de chaque nation, postés aux extrémités du pont, empêchaient toute communication entre les soldats et évitaient ainsi les conflits. Les gendarmes seuls pouvaient circuler d'une rive à l'autre.

Commandeur se trouvait là non loin de ses foyers. Sa famille vint le voir le 17 juin, et il put obtenir une permission pour la reconduire à Paris, où fumaient encore les ruines accumulées par la Commune.

Il fut libéré du service actif le 6 novembre 1871, en vertu de la loi du 5 septembre précédent, aux termes de laquelle étaient renvoyés dans leurs foyers tous les jeunes gens de la classe de 1870 qui, ayant eu de bons numéros en tirant au sort, ne devaient pas concourir à la formation du contingent de leur canton.

Membre zélé de la Société des Vétérans, il est aujourd'hui maire de sa commune et délégué cantonal de l'instruction primaire. Patriote à l'âme ardente, il n'a rien oublié du temps passé ni des jours sombres de l'Année terrible. Pour fortifier en son cœur l'espoir de la réparation que doivent attendre toujours le droit et la justice méconnus, il a tenu à revoir les champs de bataille de Ladon, de Beaune-la-Rolande et de Juranville. Quelque jour, sans doute, il fera, comme il le médite, le pèlerinage de Villersexel, d'Héricourt et du col de la Cluse. — Et peut-être même ira-t-il, jusqu'à Brugg, serrer les mains des braves gens qui, là-bas, en Argovie, se souviennent encore des soldats français qu'ils ont si charitablement secourus....

CONCLUSION

Les petits faits éclairent les grands. Et ces récits épisodiques, rigoureusement coordonnés avec l'action principale, jetteront peut-être, çà et là, une lueur nouvelle sur quelques scènes du sombre drame de l'Année tragique. Mais ils peuvent aussi montrer, une fois de plus, qu'à tous les degrés de la hiérarchie les hommes de cœur n'ont pas manqué pendant cette période néfaste de notre histoire. Quand Gambetta enflammait l'âme de la Patrie de son indomptable foi, que, sous son ardeur prodigieuse, surgissaient des entrailles du pays ces nombreuses armées de la défense nationale qui, sur la Loire, au Nord, dans l'Est, avec les Chanzy, les Faidherbe, les Bourbaki, étonnaient le monde par l'énergie de leur résistance, — des soldats obscurs — et ils étaient légion — accomplissaient dans le rang, simplement, vaillamment, héroïquement, leur devoir de patriotes, et faisaient à la France, avec une abnégation sublime, le sacrifice de leurs intérêts, de leur sang, de leur vie, pour sauver du moins son honneur....

GAMBETTA

Grâce à eux et à leurs chefs, ces heures lugubres du passé n'ont pas été sans gloire, — et l'espoir, au fond des cœurs, peut encore d'un rayon radieux illuminer l'avenir !

TABLE

ARMÉE DU RHIN

L'ODYSSÉE D'UN ARTILLEUR

ARMÉES DE LA LOIRE ET DE L'EST

LA CAMPAGNE D'UN SERGENT-FOURRIER

258-03. — Coulommiers. Imp. Paul BRODARD. — 5-03

7408-03. — Corbeil. Imprimerie Éd. Crété.

www.ingramcontent.com/pod-product-compliance
Ingram Content Group UK Ltd.
Pitfield, Milton Keynes, MK11 3LW, UK
UKHW020553180726
13838UKWH00001B/216

9 782019 930493